투자의 신에게 배우는 삶의 지혜와 투자의 기술!

워런 버핏 투자 노트

하마모토 아키라 감수 ㅣ 서희경 옮김

단순하지만 강력한 투자 기법으로
성공한 거대 자산가

투자에 어느 정도 관심이 있다면 워런 버핏이라는 인물을 알고 있을 것입니다. 그래도 혹시 모를 사람을 위해 그의 이력을 간단히 짚어보겠습니다.

워런 버핏은 세계에서도 손꼽히는 자산가며, 부의 대부분을 주식 투자로 축적한 투자자입니다. 즉, 주식으로 큰돈을 번 부호라는 의미인데, 그렇다고 나쁜 이미지를 상상하지 않길 바랍니다. 그는 탐욕에 사로잡혀 돈을 삶의 최고 가치로 여기는 배금주의자는 아닙니다. 오히려 많은 사람에게 신임을 받는 청렴결백한 호인이며, 상당히 검소한 생활 방식과 통 큰 기부로 화제에 오르는 인물입니다.

'투자의 신', '오마하의 현인'으로 불리는 버핏의 투자 방법은 의외로 매우 단순합니다. "최대한 단순하게 생각하라. 복잡한 문제를 깊이 고민해서, 복잡한 답을 내놓지 말라."는 말처럼 그의 투자 지침은 누구에게나 적용할 수 있는 명쾌한 실천법으로 가득합니다.

이 책은 풍부한 일러스트로 버핏의 투자 방법을 쉽게 이해할 수 있도록 구성하였습니다. 투자에 관심이 있거나 이미 투자를 시작한 분이라면 확실히 도움이 될 것입니다.

버핏의 가르침은 투자에만 국한되지 않습니다. 비즈니스는 물론, 인생에서도 훌륭한 길잡이가 될 것입니다. 어떤 내용인지 찬찬히 느껴보시길 바랍니다.

하마모토 아키라

'투자의 신' 워런 버핏, 그는 어떤 인물인가?

세계 최고의 자산가이자 '오마하의 현인'이라 불리는 워런 버핏. 그는 단지 대부호를 넘어, 투자 철학과 삶의 방식으로 전 세계인에게 큰 영향을 미친 인물이다.

워런 버핏
Warren Edward Buffett

PROFILE

1930년 8월 30일, 미국 네브래스카주 오마하에서 태어났다. 어릴 때부터 비즈니스와 투자에 남다른 관심을 보였으며 11살에 처음으로 주식을 매수했다. 단기 투자를 지양하고, 기업 가치를 분석해 장기적으로 투자하는 방식을 확립하며 세계 최고의 투자자로 자리 잡았다. 뛰어난 투자 성과뿐만 아니라 대규모 기부 활동으로 인류 사회에 기여하며 '오마하의 현인'이라고 불린다. 현재 총자산은 2024년 포브스 기준 약 1500억 달러에 이르며, 세계에서 가장 활발히 활동하는 투자자 중 한 명이다.

벤저민 그레이엄
Benjamin Graham

벤저민 그레이엄과 가치투자의 길

버핏은 19세에 벤저민 그레이엄의 저서 『현명한 투자자 The Intelligent Investor』를 접한 뒤 깊은 감명을 받았다. 이를 계기로 컬럼비아대학교 경영대학원에 진학해 직접 그레이엄에게 투자 이론을 배웠다. 이후 그레이엄이 운영하던 투자 회사에서 가치 투자의 길을 익혔고, 이를 실천하며 독자적인 투자 철학을 발전시켰다.

버크셔 해서웨이를 글로벌 투자 지주회사로 만들다

버핏은 34세에 섬유회사였던 버크셔 해서웨이 Berkshire Hathaway를 인수한 뒤, 1985년 보험 사업을 주력으로 하는 투자 회사로 재편했다. 이후 세계적인 투자 지주회사로 성장시켰다.

버크셔 해서웨이
Berkshire Hathaway

「포브스」

세계에서 가장 영향력 있는 투자자

49세, 버핏은 세계 최대 부호 순위를 발표하는 「포브스」에 처음 이름을 올렸으며 2008년에는 세계 1위, 2024년에는 8위를 기록했다.

근검절약

검소한 생활과 자선 활동

버핏은 근검절약하는 자산가로 유명하다. 검소한 생활을 유지하며, 자산의 상당 부분을 기부하는 미국 최고의 자선가 중 한 명이다. 차후 남은 재산 대부분을 자선 재단에 기부할 뜻을 밝혔다.

워런 버핏의 사고방식을 배울 수 있다!

버핏식 사고방식의 특징은 어떤 때라도 자신의 신념에 따르는 것이다. 그의 투자 철학을 따라가다 보면 독자적으로 사고하고 판단하는 것의 중요성을 배울 수 있다.

Chapter 1

투자 철학을 배운다
버핏의 풍부한 투자 경험에서 얻은 교훈과
투자 철학을 알기 쉽게 소개한다.

Chapter 2

장기적 관점을 갖춘다
투자에서 장기적 관점이 왜 성공의 핵심인지
배운다.

Chapter 3

확실한 투자처를 찾는다
수익을 내기 위해서는 확실한 투자처를 선택
하는 것이 중요하다. 버핏은 자신만의 독자
적인 기준으로 투자처를 선별한다.

Chapter 4   **Chapter 5**

투자에 대한 소양을 기른다
리스크를 인식하고 대처하는 방법 등, 자산을
늘리는 데 필요한 투자자의 자세를 소개한다.

Chapter 6

정보 분석의 힘을 키운다
투자에서 정보 분석은 필수적인 요소다. 버핏이
활용하는 정보 수집 및 분석 방법을 살펴본다.

Chapter 7

원칙의 중요성을 인지한다
투자의 세계에서는 원칙을 지키고 타인을 배려
하는 것이 필수적인 요소이다.

Chapter 8

인생에서 돈보다 중요한 것을 배운다
버핏의 가르침은 투자에 국한되지 않는다.
돈보다 중요한 가치에 대해 배운다.

빠르게 독파하고 확실히 각인하는
비주얼 노트!

투자의 신에게 배우는
삶의 지혜와 투자의 기술!

워런 버핏 투자 노트

Contents

Chapter 1
워런 버핏의
투자 철학

Chapter 4
버핏이 알려주는
투자 원칙 ①

Chapter 7
자신의 원칙을
충실히 지킨다

Chapter 8
돈보다 중요한 것들

1 Chapter

Warren Buffett
Investment Note

워런 버핏의 투자 철학

19세에 읽은 『현명한 투자자』에서 영감을 받은 버핏은 이후 다양한 실전 경험을 통해 독자적인 투자 기법을 확립했다. 버핏의 투자 철학은 단순하고 이해하기 쉽다는 특징을 지닌다. 이 장에서는 버핏의 실제 투자 일화를 통해 그가 깨달은 교훈과 일생에 걸쳐 완성한 투자 철학을 소개한다.

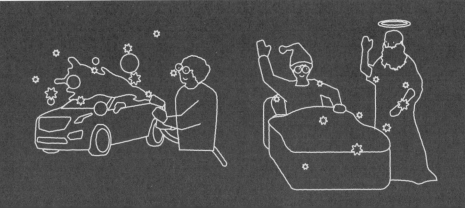

01

수익만 보지 말고
가치가 성장하는 것을 즐긴다

버핏의 투자 철학에서 중요한 요소 중 하나는 종목 선정이다. 그는 단순히 수익을 추구하는 것이 아니라, 기업의 성장을 함께하며 장기적인 가치 실현을 즐겼다.

주식 투자로 막대한 부를 쌓은 버핏의 전략은 '매수 후 보유(Buy and Hold)'로 요약된다. 이는 즉각적인 시세 차익을 노리는 단기 투자와 달리, 오랜 기간 성장 가능성이 있는 기업을 선택해 인내심을 가지고 지켜보는 방식이다. 버핏에게 주식은 단순한 투자 대상이 아니라, 한 기업의 공동 소유자로서 발전을 함께하는 과정이다. 따라서 그의 투자 철학에서 가장 중요한 요소 중 하나는 종목 선정이다.

매수 후 보유(Buy and Hold)

장기적 이익을 예상한 투자법이
매수 후 보유 전략이다.

단기 투자법에서는 매일매일 주식의
세밀한 가격 변동을 주시해야 한다.

2000년대 초, IT 기업들의 주가는 연일 상승하며 주식 시장을 뜨겁게 달 궜다. 대다수 투자자들은 기술주를 대량 매수하며 낙관적인 전망을 쏟아냈다. 그러나 버핏은 'IT 산업에 대해 잘 알지 못한다'는 이유로 이 흐름에 뛰어들지 않았다. 그의 신중한 태도는 당시 많은 비판을 받았다. "버핏은 시대에 뒤쳐졌다!"는 비난이 이어졌으며, 그가 변화하는 시장을 따라가지 못한다는 분석도 있었다. 그러나 곧 닷컴 버블이 붕괴되며 그의 판단이 옳았음이 증명되었다. 버핏은 단기 유행이나 기대 심리에 휘둘리지 않고, 기업 가치가 꾸준히 성장하는 과정에 주목했다.

닷컴 버블에 편승하지 않았던 버핏

17

02 주식을 사는 것이 아니라, 기업을 사는 것처럼 투자하라

경기 변동이나 경제 동향에 휘둘릴 필요 없다. 스스로 분석하고 가치 있다고
판단한 기업에 투자하는 것이 중요하다.

버핏은 투자할 기업을 선정할 때 기업의 본질적인 가치인 펀더멘털
fundamental에 주목한다. 펀더멘털이란, 기업의 사업 모델, 재무 상태, 수익 구
조 등 경영의 핵심 요소를 의미한다. 그는 이러한 요소들을 철저히 분석한
후, 장기적으로 성장 가능성이 높은 기업의 주식을 매수한다. 이 방식은 단
기적인 경기 흐름이나 시장 전체의 움직임을 따르는 투기적 접근과 근본
적으로 다르다. 경제 상황에 흔들리지 않고 오로지 기업 가치 그 자체에 집
중하는 단순하고 명확한 투자 방식이다.

기업의 펀더멘털을 확인한다

이 정도만이라도 조사하고 선택하면 괜찮지!

트렌드 / 펀더멘털 / 정치 상황 / 경제 전망

주식 종목을 선택할 때는 외부 동향뿐만 아니라,
기업 내부를 반드시 들여다봐야 한다.

버핏의 투자 철학은 '주가는 결국 기업 가치를 반영한다'는 원칙에 기반을 둔다. 일시적인 주가 변동이 있더라도 우량 기업이라면 장기적으로 상승할 가능성이 크다고 믿는다. 결국 그가 투자하는 대상은 주식이 아니라 그 주식을 발행하는 기업 자체다. 버핏은 단순히 가격 차익을 노리는 것이 아니라 기업의 주인이 된다는 관점에서 투자하라고 강조한다.

주식을 사는 게 아니라 기업을 사는 것이다

19

03

주변에 흔들리지 말고 스스로 판단하라

버핏은 투자할 때 주변 의견에 휘둘리지 말고 자신의 판단을 따르라고 강조한다. 끝까지 밀고 나가는 강한 신념이야 말로 성공의 원동력이 된다.

버핏은 자신의 판단을 믿고 투자해야 한다고 강조하며 '내면의 점수판 inner scoreboard'이라는 개념을 설명했다. 내면의 점수판이란, 타인의 평가나 유행에 좌우되지 않고 자신만의 기준과 원칙에 따라 독자적으로 사고하는 태도를 의미한다. 버핏은 닷컴 유행에 편승하지 않았고, 그 결과 버블 붕괴의 충격을 피하며 막대한 손실을 면했다. 시류에 휘둘리지 않고, 전망이 불투명한 기업에 투자하지 않은 것이다.

자신의 기준을 확고히 하는 것이 중요하다

자신의 신념을 명확히 가지고 실행해야만 한다!

· 매수 후 보유
· 기업의 내부 지표를 계속 관찰한다
· 인기도를 기준으로 주식을 선택하지 않는다

주변에 좌우되지 말고,
언제나 자신의 신념을 지키는 것이 중요하다.

이러한 경험을 바탕으로 버핏은 "내면의 점수판을 가지고 있느냐, 아니면 외부의 점수판에 의존하느냐에 따라 본인의 행동이 결정된다."라며 자기 신념을 따르는 것이 중요하다고 말한다. 외부 환경이나 타인의 의견에 흔들리지 않으며 독자적인 기준에 근거해 판단하고 실천하는 것이 성공의 열쇠라고 할 수 있다.

자기 판단이면 결과에 승복할 수 있다

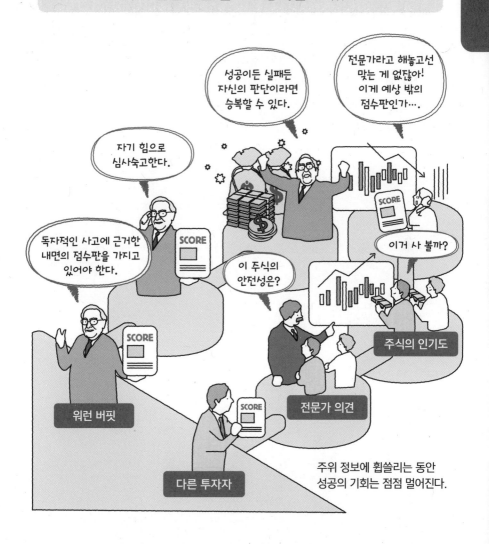

04 충분히 고민하고 결정하라

누군가의 발언이나 시장의 분위기에 휩쓸려 투자를 결정해서는 안 된다. 스스로 깊이 고민하고 확신이 들 때만 행동해야 한다.

버핏은 명확한 근거가 있을 때만 투자한다. 단순한 추측이 아니라 장기적 성장 가능성이 높은 기업을 선별하는 것이 원칙이다. 그는 한 강연에서 스스로 고민하고 투자하는 것의 중요성에 대해 이렇게 조언했다. "나는 왜 이 기업 주식을 현재 가격에 매수해야 하는가?'라는 질문에 대한 답을 논리적으로 정리해 한 편의 소논문을 쓸 수 없다면, 소량이라도 그 주식을 사지 않는 것이 낫다."

주식 매수 이유는 논리적이고 명확하게

이런 투자 철학은 그의 학창 시절 경험에서 비롯되었다. 대학생이었던 버핏은 존경하는 벤저민 그레이엄이 투자했다는 이유만으로 주식을 매수한 적이 있었다. 이를 본 월스트리트의 유명 투자자 헤티 그린은 버핏에게 "자신의 머리로 생각해 보라."고 충고했다. 이 경험은 버핏에게 중요한 교훈이 되었다. 누가 투자했느냐가 아니라 스스로 분석하고 확신할 수 있느냐가 중요하다는 사실을 깨달은 것이다.

신중한 사고의 중요성을 배운 학창 시절

05 기업의 가치와 주식의 가격은 다르다

흔히들 주식의 가격과 기업의 가치는 비례한다고 생각하지만, 실제로는 그렇지 않다. 버핏식 투자법은 바로 이 차이를 포착하는 것에서 출발한다.

주식 시장에서는 가치 있는 기업이 저평가되기도 하고, 반대로 미래가 불확실한 기업이 고평가되기도 한다. 기업의 본질적인 가치와 상관없이 단기적인 시장 심리나 유행에 따라 주가가 급등하거나 폭락하는 일이 흔하다. 대중의 관심이 쏠린 종목은 과대평가되고, 반대로 탄탄한 사업 구조를 가진 기업이 저평가되기도 한다. 이를 두고 버핏은 다음과 같이 말한다. "가격은 당신이 지불하는 것이고, 가치는 당신이 얻는 것이다"

기업의 가치와 주식의 가격은 다를 수 있다

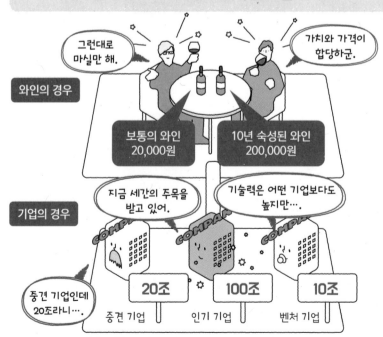

전망은 밝은 반면, 인지도가 낮은 벤처 기업은 내재 가치가 높음에도 주식 가격이 낮은 경우가 많다.

즉, 기업의 본질적인 가치와 주식 시장에서 형성되는 가격이 반드시 일치하지는 않는다. 단순히 가격만 보고 투자하는 것이 아니라, 그 기업이 장기적으로 얼마나 성장할 수 있는지를 분석해야 한다. 버핏은 이 가격과 가치의 차이를 제대로 활용하는 것이 투자 성공의 비결이라고 강조한다. 단기적인 주가 변동에 흔들리지 않고, 가치 있는 기업을 적정 가격에 매수하면 얻게 될 이익도 크게 달라진다.

기업의 내실을 잘 살펴 가치를 찾아낸다

주식 가격이 아닌 기업 가치를 통찰하는 것이 중요하다.

25

06

기업의 주가보다
사업이 창출하는 수익을 본다

주식 종목 선택의 핵심은 기업의 실적이다. 이를 통해 기업의 가치를 파악하면
큰 수익을 얻을 수 있다.

주식 종목을 선택할 때 가장 중요한 것은 기업이 실제로 창출하는 수익
이다. 기업의 실적을 정확히 파악하면, 장기적으로 높은 수익을 낼 가능성이
커진다. 버핏은 이를 농장 구매에 비유하며, "농장을 산다고 가정해 보자.
핵심은 매입가가 아니라, 미래 수확량이다. 주식 투자도 마찬가지다."라고
말했다. 주식 시장에서는 매일 수많은 정보가 쏟아지고, 주가는 시시각각
변동하지만, 버핏은 가격이 아닌 실적을 기준으로 투자 결정을 내린다.

농장을 살 때는 수확량에 주목한다

주가의 등락에 집착하는 투자 방식은 단기적인 이익을 낼 수 있지만, 장기적으로는 위험성이 크다. 버핏식 투자법의 핵심은 변동성이 큰 주가로 기업의 가치를 측정하는 것이 아니라, 기업의 실적을 분석하고 지속적으로 수익을 창출할 수 있는지를 살핀다. 즉, 장기적으로 발전할 수 있는 탄탄한 실적을 가진 기업을 선택해 투자하는 것이다.

One point

1984년 버핏은 400에이커 (약 490평)의 농장을 구매했다. 그는 농장의 수확량에 주목했고 실제로 농장 수입은 3배, 자산 가치는 5배 이상으로 뛰어올랐다.

농장의 수확량은 기업의 실적과 같다. 주식을 매수할 때도 기업의 가치를 제대로 아는 것이 중요하다.

수확량이 적어….

싸다고 무조건 사면 안 되는 거네….

우와! 수확량이 엄청나!!

기대 수확량을 철저히 분석하고 골랐어.

07 훌륭한 가격보다 훌륭한 기업을 선택하라

버핏이 눈앞의 주가에 달려들지 않는 이유는 뼈아픈 투자 실패담에서 비롯된 것이다.

버핏이 1965년에 인수한 버크셔 해서웨이는 당시 면방직 사업을 운영하고 있었으며, 전후의 경영난으로 주가가 하락한 상태였다. 버핏은 이를 '저평가된 기회'로 판단했다. 그러나 사업 재건에도 불구하고 실적은 회복되지 않았고, 결국, 공장을 닫고 직원들을 해고해야 했다. 이 경험은 단기적인 자산 가치나 저렴한 가격에만 집중하기보다는, 장기적인 성장 가능성과 브랜드파워를 갖춘 기업에 투자해야 한다는 중대한 교훈을 남겼다.

실패를 통해 배운 버핏의 교훈

1965년

싸네! 사 볼까?

기업 재건에 실패했어….

버크셔 해서웨이

이 경험은 버핏의 투자 원칙에 큰 영향을 주었다.

싼 가격에 끌려 매수하면 안 된다.

그는 해서웨이를 투자 회사로 회생시키며, '훌륭한 기업을 적당한 가격에 사는 것이 적당한 기업을 훌륭한 가격에 사는 것보다 낫다'는 투자 철학을 확립했다. 이는 가격에 지나치게 집중하지 않도록 경계하며, 기업의 본질적인 가치와 미래 성장 가능성을 더 중시하는 방향으로 발전했다. 단순히 싸게 사서 비싸게 파는 방식보다는, 자신이 선택한 기업이 미래에 더욱 성장할 가능성이 높은지를 따져보는 전략이 더 효과적임을 깨달은 것이다.

싸고 부실한 것은 무조건 피하라

가격이 아닌, 가치를 보고 선택하는 것이 성공의 열쇠다.

08

독자적으로 사고하지 않으면 리스크가 커진다

투자의 세계에서는 리스크를 피할 수 없다. 그중 가장 큰 리스크는 본인이 제대로 이해하지 못한 기업에 투자하는 것이다.

버핏은 투자 리스크에 대해 이렇게 말했다. "리스크란 자신이 무엇을 하고 있는지 모를 때 발생하는 것이다." 즉, 특정 기업이나 업종에 대한 깊은 이해 없이 타인의 의견에 따라 투자하면 리스크가 커진다는 의미다. 그는 투자 결정을 내릴 때 시장 분위기나 전문가의 조언보다는 본인이 직접 철저히 분석하고 확신이 생긴 기업을 선택하는 것이 중요하다고 강조했다.

리스크는 자신의 이해도에 따라 달라진다

타인이 높게 평가했어도 스스로 확신이 들지 않는 기업에 투자하는 것은 리스크가 높다고 할 수 있다.

1973년, 버핏은 워싱턴 포스트 The Washington Post 의 주식을 매수했다. 당시, 이 신문사는 주요 수익원인 광고 매출이 급감하면서 투자자들의 신뢰를 잃었고, 주가가 저평가된 상태로 거래되고 있었다. 하지만 버핏은 워싱턴 포스트의 브랜드파워, 충성도 높은 독자층, 그리고 유능한 경영진을 높이 평가했다. 그는 단기적인 시장 변동이 아닌 장기적인 기업 가치에 집중했고, 성장할 가능성이 높다고 판단했다. 결국 그의 예상대로 워싱턴 포스트의 주가는 큰 폭으로 상승했고, 버핏은 막대한 이익을 거두었다. 외부 평가에 흔들리지 않고 독자적으로 분석해 투자하는 것이 얼마나 중요한지를 보여주는 성공 사례라고 할 수 있다.

신뢰할 수 있는 기업은 리스크가 없다

워터게이트 사건

도청 장치가 발각됐어.

쓸데없는 짓을 한 워싱턴 포스트에 압력을 넣어야지!

닉슨 대통령

정부관계자

The Washington Post

위싱턴 포스트

1972년 미국에서 일어난 정치 스캔들. 워싱턴 워터게이트 빌딩에 있는 민주당 전국위원회 본부에 도청 장치를 설치하려다 발각된 사건. 그 결과, 닉슨 대통령은 사임하게 되었다.

워터게이트 사건을 폭로한 워싱턴 포스트에 정부의 압력이 들어갔으나….

투자자

Washington Post

워런 버핏

나는 워싱턴 포스트를 신뢰해.

위싱턴 포스트에 대한 투자는 관둘까….

대박!

The Washington P

대다수 투자자가 워싱턴 포스트에 대한 투자를 꺼리고 있을 때, 버핏은 1060만 달러까지 투자 금액을 늘렸고 이후 1억 4000만 달러에 매각했다.

09

집단의 틀과 관습에 갇히면, 평균 이상의 성공은 얻을 수 없다

버핏은 왜 금융 중심가인 월스트리트에서 활동하지 않을까? 그가 일생의
대부분을 네브래스카주 오마하에서 지내는 이유는 그의 투자 철학과 맞닿아 있다.

버핏이 월스트리트를 떠나 오마하에 머문 것은 단순한 선택이 아니라 그
의 투자 철학을 반영한 결정이었다. 금융 중심지의 단기적이고 투기적인
분위기에서 벗어나 독립적인 사고를 유지한 것이 그의 성공에 결정적인
역할을 했다. 버핏은 대학 졸업 후 스승인 벤저민 그레이엄이 운영하는 투
자 회사에서 근무했지만, 2년 뒤 회사가 해체되면서 고향인 네브래스카주
오마하로 돌아왔다. 이후 독자적으로 투자 파트너십을 설립하며 본격적인
활동을 시작했다.

고향으로 돌아와 성공을 거두다

당시 월가에서는 이를 두고 '성공의 기회를 스스로 버렸다'며 의아해했지만, 결과는 정반대였다. 독립한 지 10여 년 만에 그의 자산은 26배로 증가했다. 버핏은 "군중을 따라가면 기껏해야 평균적인 성과밖에 낼 수 없다."라고 말하며, 월가의 집단 사고가 오히려 해가 될 수 있음을 지적했다. 다수가 따르는 방식에 안주하면 스스로 사고하고 판단할 기회를 잃게 되고, 결국 남들과 크게 다르지 않은 평범한 성과에 머무를 수밖에 없다.

집단에서 벗어났기 때문에 성공할 수 있었다

지방에서 성공할 수 있었던 이유는 무엇일까요?

집단에서 벗어났기 때문입니다.

월스트리트

경쟁 기업의 방침

경기

타인의 의견

그렇군요!

오마하로 돌아오지 않았다면 성공하지 못했을 수도 있습니다.

버핏은 세계 최고의 금융 중심지인 월스트리트를 떠나 고향에 정착하기로 결심했고, 업계의 우려와 다르게 큰 성공을 거두었다.

10

남들이 공포감을 느낄 때, 탐욕을 부린다

기회가 왔을 때는 주변에서 신중하더라도 욕심을 내서 공격하라. 반대로 주변에서 욕심을 낼 때는 신중해야 한다.

버핏의 투자법은 종종 시류를 역행한다. 일반적으로 투자에서 주식은 가격이 내려가면 사고, 오르면 파는 것이 원칙으로 여겨진다. 그러나 이 패턴을 반복한다면 약간의 이익을 얻을 수 있을지언정, 큰 수익을 낼 수는 없다. 투자에서 성공하기 위해서는 주가의 변동성을 견디고, 여느 투자자들과는 완전히 다른 행보를 걷는 역발상이 필요하다.

남들이 탐욕스러울 때는 신중하게

매수한다

이 주식은 지금이 매수 타이밍이야!

지금은 사지 않는 편이 좋아….

매수하지 않는다

　버핏은 주식 매매 타이밍에 대해 "남들이 탐욕스러울 때는 공포감을 느끼고, 남들이 공포감을 느낄 때는 탐욕스러워져야 한다."라고 말했다. 시장의 감정에 반응하지 않고, 공포와 탐욕이 교차하는 순간에 기회를 포착하는 것이 중요하다고 강조한다. 경제 성장 둔화와 같은 부정적인 신호가 있을 때, 주식 시장이 일시적으로 호조를 보여도 속지 말고 침착하게 기다리며 기업의 실적과 가치를 철저하게 분석한다. 이후 주가가 하락하기 시작하면 과감하게 투자하는 것이 바로 버핏의 방식이다.

주변이 신중할 때는 공격적으로

11 19세 때 읽은 책이 투자 철학의 토대가 되다

버핏은 19세 때 접한 벤저민 그레이엄의 이론을 지금도 충실히 실천하고 있다.

버핏은 벤저민 그레이엄을 투자의 스승으로 여겼다. 그레이엄의 저서 『현명한 투자자』는 19살이었던 버핏에게 큰 감명을 주었고, 투자 철학의 근간이 되었다. 버핏은 그레이엄이 가르치는 컬럼비아대학교에 진학했고, 졸업 후 그레이엄이 운영하는 투자 회사에서 일하며 그의 이론을 배우고 실천했다. 현재도 그는 그레이엄의 원칙을 충실히 따르고 있다.

벤저민 그레이엄의 저서는 버핏 투자의 근간이다

마치 신을 만난 것 같았습니다!

Benjamin Graham

워런 버핏 19세

벤저민 그레이엄 저 『현명한 투자자』

1949년에 출간되어 현재까지 투자자들에게 바이블처럼 여겨진다.

그레이엄에게 배웠지.

졸업 후, 아버지 하워드 버핏이 운영하는 증권사에서 중개인으로 잠시 근무했으나, 곧 그레이엄이 설립한 투자 회사에 입사했다.

그레이엄이 가르치는 컬럼비아대학교 경영대학원으로 진학하다.

그레이엄의 이론은 단순하고 직관적이어서 누구나 이해할 수 있다. 하지만, 이를 실천하는 사람은 의외로 드물다. 버핏은 그 이유에 대해 "인간은 쉬운 것을 어렵게 생각하는 경향이 있다."라고 지적하며 원칙에 충실하게 투자하는 것이 중요하다고 강조했다. 19세 때 접한 이론을 70년 이상 충실히 지켜온 우직한 노력이 그를 성공의 정상에 오르게 한 것이다.

그레이엄의 가르침은 단순하고 이해하기 쉽다

① 기업의 내실을 분석한다

실적 경영진

COMPANY

주가

② 장기 보유한다

느긋하게 기다려야지.

기업 가치

그레이엄의 가르침을 지금까지도 중요한 원칙으로 삼고 있다.

가치를 간파하고, 저평가됐을 때 산다!

③ 주가와 가치의 차이를 분석한다

버핏은 그레이엄의 단순 명료한 이론을 충실하게 실행하고 있다.

12 시대에 뒤떨어진 원칙은 이미 원칙이 아니다

시대마다 투자의 아이콘으로 큰 주목을 받는 투자자들이 등장해 왔다. 하지만 버핏은 그들을 따라 자신의 노선을 바꾼 적이 없다.

그레이엄의 가치 투자 이론은 안정성을 중시하지만, 지나치게 보수적인 접근은 끊임없이 요동치는 경제 흐름과 시장 상황에서 기회를 놓칠 수 있다는 한계가 있었다. 버핏은 이를 극복할 새로운 접근법이 필요함을 깨닫고 "시대에 뒤떨어진 원칙은 이미 원칙이 아니다."라며 전략을 조정했다. 그렇다고 유행을 따른 것은 아니었다. 변화를 받아들이되, 기업의 가치 분석과 안전마진 등 그레이엄의 핵심 원칙을 고수하며 장기적인 성과를 끌어냈다. 1960년대 성장주 열풍과 그로 인한 종말을 맞이하면서 버핏의 투자 방식이 옳았음이 입증되었다.

정보에 휘둘리지 않고 기본에 충실하다

자신의 신념에 따라 냉철하게 판단한다.

수많은 의견과 정보에 치여 항상 분주하다.

1960년대, 버핏을 능가하는 수익을 올린 프레드 카라는 투자자가 있었다. 카는 버핏과 달리 미공개 주식에 대량으로 투자하여 단기간에 큰 이익을 거두었다. 당시 성장주 열풍 속에서 카의 고수익 방식이 큰 주목을 받았지만, 버핏은 동요하지 않고 원칙을 고수했다. 이후 승승장구하던 카는 폐업의 위기를 맞았고, 그레이엄의 원칙을 고수한 버핏은 지속적으로 성공을 거두며 투자자로서의 입지를 확고히 했다.

단기 투자와 장기 투자의 자산 경쟁 결과는?

버핏의 투자 철학은
원칙에 얽매이지 않고
독자적 개성을 발휘하는 데 있다

항상 자신만의 투자법을 고수하며 꾸준한 성과를 낸 버핏은 존경하는 벤저민 그레이엄의 이론을 투자 원칙의 근간으로 삼고 있다. 하지만 때때로 그와 상반되는 방식으로 담대하게 투자하기도 한다. 그중 하나가 바로 '집중 투자'다. 버핏은 자신이 확신할 수 있는 소수의 기업에 대량으로 투자한다. 이는 투자 업계와 그레이엄의 공통 원칙인 '분산 투자'와 대조된다.

분산 투자는 리스크를 줄이기 위해 여러 종목에 투자하는 방식이다. 반면, 집중 투자는 해당 종목에 더 많은 시간과 에너지를 집중할 수 있다는 장점이 있다. 버핏은 다양한 종목에 분산 투자하기보다 확신이 드는 종목에 집중적으로 투자하는 것이 오히려 리스크를 줄일 수 있다는 사실을 일찍이 깨달았다. 이는 상식과 기존 원칙에 얽매이지 않는 그만의 독자적인 투자 방식이라고 할 수 있다.

"가격은 당신이 지불하는 것이고, 가치는 당신이 얻는 것이다."

투자에 있어서 기업의 가치가 가격과 항상 일치하는 것은 아니다. 버핏은 기업의 가치를 철저히 분석한 후 투자 결정을 내려야 한다고 강조한다.

"리스크란 자신이 무엇을 하고 있는지 모를 때 발생하는 것이다."

투자는 항상 리스크를 동반하지만, 잘 알지 못하는 기업에 투자할 때 리스크는 더 커진다. 버핏은 자신이 이해하는 기업에만 투자할 것을 권장한다.

"남들이 탐욕스러울 때는 공포감을 느끼고, 남들이 공포감을 느낄 때는 탐욕스러워져야 한다."

다수의 투자자와 같은 길을 걸으면 큰 이익을 얻기 어렵다. 버핏은 시장 과열이나 침체에 흔들리지 않고 상반된 행보를 걷는 결단력이 중요하다고 강조한다.

"시대에 뒤떨어진 원칙은 이미 원칙이 아니다."

그레이엄의 원칙은 시대를 초월하는 가치가 있지만, 버핏은 이를 바탕으로 시대에 맞게 전략을 조정하며 실천해 왔다.

2 Chapter

Warren Buffett
Investment Note

장기적 관점이 성공의 열쇠다

버핏은 투자에서 장기적인 안목으로 판단하는 것이 중요하다고 말한다. 최신 트렌드로 주목받는 산업이나 기업에 투자하여 단기간에 이익을 얻는 것이 아니라, 사회가 오래 도록 필요로 하는 기업에 투자한 것이 그의 성공 비결이다. 이 장에서는 버핏이 장기적 인 투자 성공을 위해 중요하게 여긴 요소들에 대해 살펴보자.

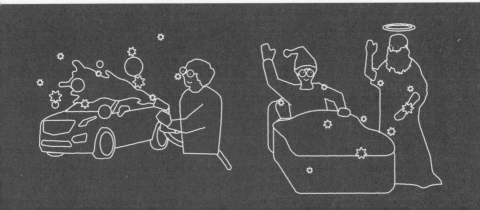

주식을 10년 이상 보유하겠다는 마음으로 투자하라

버핏식 투자 철학은 기업의 성장을 내다보고 장기적으로 주식을 보유함으로써 큰 이익을 얻는데 있다.

버핏은 기업의 브랜드파워, 사업 모델, 경영진 등의 요소를 철저히 분석한 후, 장기적으로 성장 가능성이 확실한 기업에만 투자한다. 그리고 한 번 투자한 주식은 오랜 기간 보유하며 기업의 성장 과정을 지켜보길 원한다. 그는 "10년 이상 주식을 보유할 생각이 없다면, 단 10분도 보유하지 말라." 고 말하며 단기적인 시장 변동에 흔들리지 않는 투자 태도를 강조했다.

버핏은 10년 단위로 주식을 보유한다

버핏은 성장성이 뛰어나지만 기업 가치에 비해 주가가 저평가된 기업을 찾아 매수한 뒤, 수십 년간 주식을 보유하며 복리 효과를 극대화한다. 단기적인 시세 차익을 노리는 것이 아니라 기업의 발전과 함께 자산을 키워나가는 것이 그의 투자 방식이다.

02

50년 후의 성장을 내다보고 투자 여부를 판단한다

버핏은 투자를 결정할 때 단기적인 주가 변동이 아니라 장기적인 관점에서 기업의 자산 가치를 평가하고 미래의 성장 가능성을 고려한다.

미국 전역이 닷컴 버블에 휩싸인 1998년 버핏은 아이스크림 체인점 데어리 퀸Dairy Queen의 모기업인 International Dairy Queen(IDQ)을 인수해 완전히 자회사화했다. 그 이유로 그는 '10년 후에도 이 제품의 가치가 떨어질 가능성이 작다'고 판단했다. 당시 많은 투자자가 IT 기업에 몰두했지만, 버핏은 데어리 퀸의 아이스크림이 장기적으로 소비자에게 꾸준히 사랑받을 것이라고 확신했다.

사람들은 아이스크림을 사랑한다

1998년 무렵

이제 IT 시대야!

버핏 씨는 이상한 곳에 투자하네?

맛있습니다~.

DQ

아이스크림 쪽이 더 맘에 들어.

10년 후

투자하지 말걸.

DQ

성공~!!

유행을 따르지 않고, 모두가 꾸준히 원하는 것을 제공하는 기업에 투자해 성공을 거뒀다.

그의 예상은 적중했고 데어리 퀸은 현재까지도 버크셔 해서웨이의 자회사로 안정적인 성장을 이어가고 있다. 버핏은 투자 기준에 대해 "10년, 50년이 지나도 신뢰할 수 있는 기업인지, 사람들이 계속 원할 제품을 만드는 기업인지가 중요하다."라고 말한다. 즉, 단기적인 시장 흐름보다는 기업이 창출하는 실질적인 가치와 장기적인 지속 가능성을 더 중시하는 것이다.

버핏의 선택 종목

버핏은 분야를 가리지 않고, 안정적이며 생활에 필요한 것을 제공하는 기업에 투자하고 있다.

맛있어~!

쇼핑에는 필수지.

금융

식품

기업을 선택하는 포인트는 대중의 일상에 중요하고 필요한 것을 만들 수 있느냐에 두었다.

최고!

2016년, 워런 버핏은 애플에 투자했다.

제조

03 주가보다 상품 가치가 얼마나 오래 지속되느냐가 중요하다

버핏은 코카콜라 주식을 보유한 이유로 압도적인 브랜드파워와 장기적인 수익성을 꼽았다.

코카콜라는 버핏이 1988년 처음 매수한 이후 현재까지 보유하고 있는 대표적인 투자 종목 중 하나이다. 그 이유로는 전 세계적으로 알려진 강력한 브랜드파워와 장기적으로 실적이 증가하는 안정적인 수익성을 들 수 있다. 그는 "주식 매매보다 중요한 것은 상품이 장기적으로 지속될 수 있는 매력을 가지고 있느냐이다."라고 강조한다.

상품이 꾸준히 매력적이어야 한다

코카콜라 컴퍼니의 역사에서 빼놓을 수 없는 인물이 있다. 바로 세 번째 CEO인 로버트 우드러프다. 그는 표준화된 품질 관리 시스템을 도입하고, 혁신적인 디자인과 광고 전략을 펼치며 코카콜라를 글로벌 브랜드로 성장시켰다. 특히 1920년대 금주법 시행으로 탄산음료의 인기가 높아지고, 제2차 세계대전 중 미군 보급품으로 공급되면서 코카콜라는 대중적인 음료로 확고히 자리 잡았다. 버핏이 코카콜라 주식을 1980년대 후반이 아닌 우드러프 시대부터 보유했다면, 오늘날 그의 자산 가치는 더욱 막대했을 것이다.

코카콜라가 전 세계적으로 사랑받기까지

49

04 투자의 세계에는 삼진 아웃이 없다

버핏은 투자를 야구에 비유하며, 투자자의 의사결정 타이밍에는 삼진 아웃 같은
제약이 없다고 말한다.

버핏은 주식 시장을 야구에 비유한다. 투수(시장)가 공을 던지고, 타자
(투자자)가 투자 기회를 포착하는 구조다. 그러나 야구와 다른 점은 "투자
의 세계에는 삼진 아웃이 없다."는 것이다. 즉, 투자자는 몇 번의 스트라이
크를 당하더라도, 자신이 확신하는 좋은 기회가 올 때까지 기다릴 수 있다.
버핏은 "공이 올 때마다 배트를 휘두르지 말고, 좋은 공이 올 때까지 기다
려야 한다."라며 성급한 투자를 경계하고, 오직 절대적으로 유리한 상황에
서만 투자해야 한다고 강조한다.

투자자는 원하는 타이밍에 투자하면 된다

이 원칙은 버핏의 투자 방식에 그대로 드러난다. 1962년, 그는 기존에 운영하던 투자 파트너십을 정리하고 버크셔 해서웨이를 인수했다. 그 이유는 투자할 만한 매력적인 기회가 사라지고 있다는 사실을 깨달았기 때문이다. 과거에는 가치 대비 저평가된 기업을 쉽게 찾을 수 있었지만, 점점 더 많은 투자자가 가치투자 전략을 따르면서 시장 전체가 효율적으로 움직이기 시작했고, '명백하게 저평가된 주식'이 줄어들었다. 그는 투자란 인내심과 타이밍의 게임임을 시사하며 "좋은 기회는 많지 않지만 기다릴 수 있다면 반드시 온다."라고 말한다.

기다릴 때와 움직일 때의 타이밍이 중요하다

05 신용평가사의 의견에 의존하지 말라

버핏은 신용평가사의 의견에 지나치게 의존하면 장기적인 안목으로 투자하는 데
한계가 생길 수 있다고 경고한다.

신용평가사는 기업의 안전성과 신용도를 발표하는 기관으로, 많은 투자자가 이들의 신용등급을 중요한 판단 기준으로 삼는다. 그러나 버핏은 신용평가사의 의견에 무조건 의존하는 것이 장기적인 이익을 추구하는 데 방해가 될 수 있다고 생각했다. 그 이유는 기업들이 높은 신용등급을 받기 위해 취하는 정책들이 종종 단기적인 실적 향상을 목표로 하기 때문이다.

신용평가사란?

신용평가사의 정보를 맹신하면, 단기적인 관점에서 투자할 수는 있지만 기업의 장기적인 성장과 발전을 기대하는 투자는 불가능하다. 따라서 투자자는 스스로 기업의 내실을 분석하여 진정 가치 있는 기업을 선택하는 것이 중요하다. 신용평가사의 의견에 지나치게 의존하는 것은 투자자뿐만 아니라 기업에도 위험을 초래할 수 있다.

신용평가사의 평가를 맹신하면 위험하다

신용평가사의 정보만으로는 기업의 장기적 성장력을 발견할 수 없다.
스스로 분석하지 않고, 그냥 받아들이면 위험하다.

06

미래의 로드맵을 그리기보다
지혜를 연마하라

버핏도 미래를 정확히 예측할 수는 없다. 그의 진정한 성공 비결은 그동안 쌓아온 경험에서 비롯된 지혜에 있다.

장기적인 안목으로 수많은 성공을 거둔 버핏도 미래를 정확히 예측하는 것은 불가능하다고 본다. 그는 자신의 성공 비결에 대해 "정확한 로드맵을 그릴 수는 없지만, 지혜를 연마할 수는 있다."라고 말한다. 그는 미래를 정확히 전망하거나 로드맵을 그리기보다는 쌓아온 지혜를 바탕으로 결정을 내린다.

계획에 집착하지 않는다

완벽하게 계획을 세우고 그대로만 따르는 경우

지도가 있으니, 완벽해!

다음은 여긴가?

어라?

여기가 어디지?

돌발 상황 발생

지도만 보고 있으면 주변을 보지 못한다.

지도에만 의존하면, 예측할 수 없는 사태에 직면했을 때, 오도 가도 못하는 상황이 발생한다.

버핏은 70년 이상 투자 경력을 쌓으며 제2차 세계대전, 닷컴 버블, 금융 위기 등 급격한 경제 변화와 호황, 불황을 경험했다. 또한, 끊임없이 발전하는 산업 환경 속에서 새로운 이론과 신생 기업의 등장을 목격했다. 격변의 시대를 거치며 쌓은 지혜는 그의 성공을 가능하게 한 든든한 버팀목이 되었다.

07 10년, 20년 후까지 일할 자신을 생각하며 관리한다

버핏은 투자자로서 명석한 두뇌를 유지하기 위해 젊은 시절부터 몸과 마음을 건강하게 단련해 왔다.

우수한 투자자로 오랫동안 활동하려면 명석한 두뇌와 건강한 신체가 필수적이다. 나이 드는 것을 두려워할 필요는 없다. 경험이 쌓이면 지혜가 더해져 현명한 판단을 내릴 수 있기 때문이다. 버핏은 젊은 시절부터 이를 깨달았고, 몸과 마음을 건강하게 유지하는 습관을 길렀다.

편식가로도 유명한 버핏

버핏의 음식 취향 건강에 신경 쓰는 버핏이지만, 식생활에선 편식가로 알려져 있다.

그는 어릴 적 꿈을 예로 들어 신체 관리의 중요성을 강조한다. 꿈속에서 한 영혼이 16살의 버핏 앞에 나타나 원하는 자동차를 주겠다고 했지만, 그 차를 평생 타야 한다는 조건을 붙였다. 꿈속에서 차를 정성껏 관리했던 버핏은 꿈에서 깨어난 후, 신체도 자동차처럼 소중히 관리해야 한다는 교훈을 얻었다. 자동차를 잘 관리하면 10년, 20년 후에도 잘 운행할 수 있듯이, 인간의 몸도 젊을 때부터 잘 관리하면 오래 건강을 유지할 수 있다는 것이다.

몸과 마음은 둘도 없이 소중한 자산이다

장기적인 안목이 중요하다!
오늘, 내일, 다음 달의 주가는
신경 쓰지 마라!

　버핏식 투자법에서는 장기적인 안목이 핵심이다. 버핏은 11살 때의 첫 투자 경험을 바탕으로 장기 투자 이론을 세우고, 이를 충실히 실천하여 다양한 투자에서 성공을 거두었다.

　2011년, 버핏은 미국의 대형 은행인 뱅크 오브 아메리카에 투자했다. 그러나 이후 주가는 계속해서 하락했다. 당시 닛케이 베리타스 Nikkei Veritas 와의 인터뷰에서 기자가 "뱅크 오브 아메리카에 투자한 것을 후회하지 않습니까?"라고 묻자, 버핏은 "오늘이나 내일, 다음 달에 주가가 오르든 내리든 저하고는 상관없습니다."라고 답했다. 그 이유로 사업 기반이 양호하고, 기업의 문제 해결에는 시간이 필요하지만 충분히 개선 가능성이 있다는 점을 들었다. 큰 이익을 얻기 위해서는 눈앞의 이익에 얽매이지 않고, 장기적인 안목으로 사업을 꼼꼼히 분석한 뒤 지속적으로 성장할 수 있는 기업에 투자해야 한다.

워런 버핏의 명언

Chapter 2

"10년 이상 주식을 보유할 생각이 없다면,
단 10분도 보유하지 말라."

버핏이 생각하는 장기 투자는 10년 단위로 기업과 관계를 맺는 것이다. 투자 결정은 오랜 기간 보유하겠다는 각오로 하는 것이 중요하다는 의미이다.

"10년, 50년이 지나도 신뢰할 수 있는 기업인지,
사람들이 계속 원할 제품을 만드는 기업인지가 중요하다."

사회가 필요로 하는 가치를 창출하는 기업은 반드시 성장한다. 일시적 유행이나 변동하는 주가가 아니라, 기업의 본질적 가치를 보는 것이 필수적이다.

"투자의 세계에는 삼진 아웃이 없다."

버핏은 투자 결정의 타이밍에는 제한이 없다는 점을 야구에 비유해 설명했다. 서두르지 않고 항시 유리한 입장에서 확실한 수익을 낼 수 있는 기회를 잡는 것이 성공의 지름길이다.

"정확한 로드맵을 그릴 수는 없지만,
지혜를 연마할 수는 있다."

미래를 정확히 예측하거나 투자 계획을 세우는 것은 불가능에 가깝다. 버핏은 오랜 경험을 통해 얻은 지혜를 바탕으로 변화하는 상황에 맞춰 현명하게 대처해 왔다.

Chapter 3

Warren Buffett
Investment Note

사람이 자산이다

버핏은 주식을 사는 것이 아니라 기업을 산다는 신념으로 경영진과의 신뢰 구축을 특히 중요하게 여긴다. 경영자의 성실함과 열정, 그리고 비전을 실현할 수 있는 능력을 신중하게 평가한 후 투자 결정을 내렸고, 유수의 인재들과 신뢰를 바탕으로 긴밀히 협력하는 관계를 맺어왔다. 투자자와 경영자가 상호 신뢰를 바탕으로 소통할 수 있는 관계를 형성하는 것은 기업의 장기적인 성공을 좌우하는 핵심 요소라 할 수 있다.

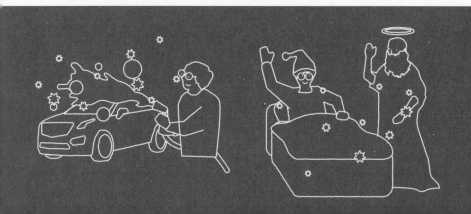

01 신뢰는 투자 결정에 중요한 역할을 한다

버핏의 투자 철학에서 기업뿐만 아니라 경영진과의 신뢰 관계는 핵심적인 요소이다.

버핏은 단순히 주식을 매수하는 것이 아니라 기업을 소유한다는 신념을 바탕으로 경영진과의 신뢰를 투자 결정의 중요한 기준으로 삼았다. 그는 "나는 많은 사람에게 투자해 왔고, 그들에 대해 잘 알고 있다."라고 말하며 기업을 이끄는 사람이 누구인지가 투자 결정에서 중요한 역할을 한다고 강조했다. 버핏의 이러한 철학을 보여주는 사례로 레벨3 커뮤니케이션스 Level 3 Communications 투자가 있다.

신뢰 관계를 바탕으로 투자를 결정하다

주식 매수

콜라가 최고야!

코카콜라 컴퍼니

주가만을 보지 않고, 세상에 필요한 것을 계속 생산하는 사업 모델에 투자한다.

경영자에 대한 신뢰

기업을 움직이는 경영진의 도덕성과 역량을 신뢰할 수 있는가?

훌륭한 리더야.

경영진의 능력과 윤리적 기준을 믿을 수 있을 때 투자를 결정한다.

기술 산업에 대해 보수적인 태도를 고수해 온 버핏은 2003년, IT 기업인 레벨3 커뮤니케이션스에 투자했다. 그 이유는 이 회사의 이사회 의장이자 버핏의 오랜 친구였던 월터 스콧 주니어를 신뢰했고, 버핏의 고향인 오마하에 기반을 둔 건설사 피터 키위트 선스 Peter Kiewit Sons'의 자회사였기 때문이다. 당시 버핏은 신뢰할 수 있는 경영진과 지역적 유대감을 바탕으로 이 회사를 투자 대상으로 선택했다.

레벨3 커뮤니케이션스 투자

02 평소에 다양한 사람들과 대화하는 습관을 기른다

지속적으로 대화를 나눠 보면 상대를 깊이 이해하는 데 도움이 될 뿐만 아니라 올바른 투자 판단에도 큰 영향을 미친다.

버핏은 투자를 결정하기까지 철저한 분석과 신중한 태도를 유지하는 것으로 유명하다. 그는 경영진과의 직접적인 대화를 중시하며, 이를 통해 상대의 성실성과 역량을 면밀히 평가한다. 재무제표나 시장 전망만 보고 투자 여부를 결정하는 것이 아니라, 경영자의 철학과 운영 방식까지 깊이 고려하는 것이다.

대화를 해보지 않으면 알 수 없다

이를 보여주는 대표적인 사례가 클레이튼 홈스^{Clayton Homes} 투자다. 버핏은 미국 최대의 이동식 주택 기업인 클레이튼 홈스에 관심을 가졌을 때, 창업자의 아들이자 당시 CEO였던 케빈 클레이튼과 직접 대면하지 않고, 장시간의 전화 통화만으로 그의 경영 철학과 사업 운영 방식을 파악한 뒤 투자 결정을 내렸다. 그는 경영진의 자질이 기업의 장기적 성공을 좌우하는 핵심 요소라고 보았고, 깊이 있는 대화를 통해 경영자의 인격과 역량을 가늠할 수 있다고 믿었다.

클레이튼 홈스 인수

03 쉽다고 생각하는 것은 대부분 어려운 일이다

버핏은 경영진에 대한 신뢰를 기업 인수의 중요 판단 기준으로 삼는다.

　신뢰 관계를 중시하는 버핏은 사람의 성실성과 역량을 평가할 때 충분한 시간을 들여 상대방의 말을 듣고 면밀히 관찰하며 됨됨이를 정확히 파악하고자 노력한다. 그는 "기업 인수를 고려하는 과정에서 경영진이 '쉬운 일입니다.'라고 말한다면 그것은 대개 쉬운 일이 아니다."라고 조언한다. 사업에서 '쉬운 일'은 존재하지 않는다. 경영진이 문제를 간과하거나 단순화하려 할 때, 실제로 그 문제는 훨씬 더 복잡하고 해결하기 어려운 경우가 많다. 버핏은 리더십의 신뢰성을 평가할 때, 경영진이 현실을 얼마나 정확히 인식하고 있는지, 문제의 본질과 심각성을 제대로 이해하고 있는지를 중요하게 본다. '쉬운 일'이라는 말은 오히려 경계해야 할 신호이다.

경영진이 생각하는 쉬운 일은 대체로 복잡한 문제일 수 있다

버핏은 인수한 기업의 실적 보고를 받지만, 경영 방침에는 직접 개입하지 않는다. 이미 기업 인수 과정에서 신뢰할 수 있는 경영진을 선별했기 때문에 그들의 판단을 존중하는 것이다. 버핏의 투자 포트폴리오에 우수한 기업들이 모여 있는 것은 철저한 검증을 거쳐 성실하고 유능한 경영자를 가려낸 결과라 할 수 있다.

신뢰할 수 있는 경영자만으로 체제를 만든다

워런 버핏

다들 우수하니까 개입할 필요 없지.

버핏 씨~

버크셔 해서웨이

버핏은 실적 보고는 받지만 경영 방침에 개입하지 않는다.

자회사

경영 상황은 어떤가요?

다음 달 경영 방침은….

항상 체크해야 해….

다른 투자자

이런 식으로 순조롭습니다.

자회사

모회사

경영 방침 등 세세한 부분까지 체크하는 경우가 많다.

04 다루기 힘든 사람과의 거래는 시간 낭비다

버핏은 다루기 힘든 사람과 거래하는 것은 시간 낭비이며 인생에서 피해야 할 일이라고 조언한다.

버핏은 지인인 컨설턴트에게 "다루기 힘든 사람과는 거래할 필요 없다. 그들과 일하지 않아도 충분히 성공할 수 있기 때문이다. 거래 상대는 이 세상에 얼마든지 있다."라고 조언한 바 있다. 자신이 제공하는 가치와 신념을 이해하지 못하는 사람에게 시간을 낭비하는 것은 비생산적이라는 의미다.

다루기 힘든 사람에게 애쓰지 마라

버핏은 인생에서 함께할 사람을 신중하게 선택해야 한다고 말한다. 경영자라면 직원을 고용할 때 배우자를 고르듯 신중해야 하고, 직장인이라면 존경할 수 있는 상사와 일하거나, 선망하는 기업에서 경험을 쌓아야 한다. 맞지 않는 사람과 억지로 일하는 것은 단순한 불편함을 넘어 인생에서 가치 없는 낭비일 뿐이다.

맞지 않는 사람과 일하는 것은 시간 낭비다

05 성장하려면 자신보다 뛰어난 사람과 어울려라

버핏은 젊은 시절 훈련소에서의 경험을 통해, 자신보다 뛰어난 사람들과 교류하는 것이 얼마나 중요한지 깨달았다.

버핏은 "나보다 뛰어난 사람들과 어울려야 한다. 그러면 나도 자연스럽게 성장할 수 있다. 반대로 형편없는 사람들과 어울리면 언젠가는 결국 나도 그 수준으로 내려가게 된다."라고 말하며, 만나는 사람의 됨됨이를 신중하게 보라고 강조했다. 이는 개인뿐만 아니라 기업에도 적용되는 원칙이다. 뛰어난 인재를 영입하는 것은 회사 성장과 성공에 큰 영향을 미친다.

교제하는 사람이 주는 영향력은 무시할 수 없다

70

버핏은 대학을 졸업하고, 병역 의무를 이행하기 위해 위스콘신주의 훈련소에 입소했다. 그곳에서 동기들과 어울리며 자연스럽게 비속어를 쓰고 만화책을 읽으며 시간을 허비했다. 이 경험을 통해 그는 주변 환경이 개인에게 미치는 영향을 직접 체감했고, 성장하려면 자신보다 지식과 역량이 뛰어난 사람들과 교류해야 한다는 교훈을 얻었다.

자신보다 뛰어난 사람과 어울리는 것이 중요하다

몸 쓰는 건 싫은데….

젠장 닥쳐!

버핏은 병역 의무를 위해 위스콘신주에 있는 훈련소에서 몇 주간 머물게 된다.

주변 젊은이들의 저속한 말투를 닮아갔다.

빈둥대는 생활

왠지 망가져 가는 것 같은 기분이 들어….

재밌는 녀석인걸….

그 결과 주변 젊은이들과 친밀해졌다.

주변 환경이 미치는 영향이 크구나!

성장하려면 나보다 뛰어난 사람과 사귀어야 한다.

71

06 영웅으로 삼을 수 있는 인물을 목표로 삼는다

경력을 쌓아가는 과정이라면, 버핏이 아버지와 그레이엄을 존경했던 것처럼 자신만의 영웅을 찾아야 한다.

버핏은 학생들과의 대화를 소중히 여긴다. 한 학생이 취업에 대한 조언을 구하자 "존경하는 사람 밑에서 일하라."고 답했고, 성공에 영향을 미치는 요소에 대한 질문에는 "영웅으로 삼을 수 있는 인물을 찾는 것이 중요하다."라고 강조했다. 롤모델은 중요한 결정을 내릴 때 길을 잃지 않도록 방향을 제시하는 성장의 길잡이가 된다.

롤모델은 판단의 길잡이가 된다

본보기가 있다는 것은 인생에서 길을 잃었을 때 이정표가 된다.

버핏은 경력을 쌓아가는 과정에서 아버지인 하워드 호먼 버핏과 스승인 벤저민 그레이엄을 영웅이자 롤모델로 삼았다. 대학 졸업 후, 대기업에 취업하는 대신 아버지의 증권회사에서 일하며, 궁극적으로 그레이엄의 회사에 들어가는 것을 목표로 삼았다. 마침내 목표를 이루었을 때, 그는 연봉조차 묻지 않았다. 버핏에게 중요한 것은 회사의 인지도나 높은 연봉이 아니라 존경하는 사람과 함께 일하며 배울 기회였다.

항상 존경하는 사람과 함께 일하는 버핏

대학 졸업 후

같이 일하고 싶습니다!

그건 좀 곤란한데.

아버지 회사에서 일하고 싶어요!

안 될 건 없지만, 대기업에 가고 싶지 않니?

안 되나요?

워런 버핏   벤저민 그레이엄

아버지 하워드 버핏

당시 그레이엄은 유대인만 고용한다는 방침이 있었기에 버핏은 입사를 거절당한다.

버핏 군, 우리 회사로 올 생각 없나?

갈게요!

역시 아버지는 굉장해!

버핏은 아버지의 증권 회사에서 중개인으로 일하게 된다.

그레이엄

고맙네. 그럼, 연봉은….

아무래도 상관없어요!

존경하는 사람과 함께 일할 수 있다는 것이 중요할 뿐이다.

07 뛰어난 경영자만으로는 성공할 수 없다

버핏은 백화점 인수 실패를 통해 사업의 성공은 경영자의 역량뿐만 아니라 사업 자체의 경쟁력에 좌우된다는 사실을 깨달았다.

1966년, 버핏은 볼티모어에 본사를 둔 개인 소유의 백화점 혹스차일드 콘 Hochschild, Kohn & Co. 을 1200만 달러에 인수했다. 당시 혹스차일드 콘은 주변 백화점들과 치열한 경쟁을 벌이고 있었고 은행조차 투자에 회의적일 정도로 재무 상황이 좋지 않았다. 그런데도 버핏이 인수를 결정한 이유는 오너가 신뢰할 수 있는 훌륭한 인물이었기 때문이다. 그러나 실적은 기대에 미치지 못했고, 결국 3년 후 인수 가격과 거의 같은 금액에 매각해야 했다.

혹스차일드 콘 인수 경위

버핏은 이 경험을 돌아보며 "아무리 유능한 기수라도 명마를 타야 우승할 수 있다. 다친 망아지를 타고는 이길 수 없다."라고 말했다. 경영자가 아무리 뛰어나도 사업 자체가 경쟁력을 갖추지 못하면 성공할 수 없다는 교훈을 얻은 것이다. 이후 버핏은 경영자의 역량뿐만 아니라 기업의 근본적인 경쟁력과 사업 모델이 우수한 기업에 투자하게 되었다.

75

08 열정을 가진 사람이 뛰어날 자격이 있다

버핏은 훌륭한 경영자는 열정을 가지고 일하는 사람이며, 이는 투자의 결정적 요소가 될 수 있다고 본다.

버핏은 성실함과 함께 열정을 특히 중요하게 여긴다. 그는 '진심 어린 열정이야말로 일에서 얻을 수 있는 가장 큰 보상'이라고 믿으며, 자신이 하는 일을 진심으로 좋아하고 몰입하는 경영자에게 투자해 왔다. 사업을 단순한 수익 창출의 수단으로만 보지 않고, 그 일 자체에 의미를 두고 진심을 다하는 사람이야말로 신뢰할 가치가 있다고 판단한 것이다.

버핏이 추구하는 인재상

이러한 원칙은 1967년 의류업체 어소시에이티드 코튼 숍^{Associated Cotton Shops}을 인수할 때도 적용되었다. 당시 이 회사는 고급 브랜드가 아니었지만, 경영자 벤 로즈너의 열정을 보고 투자를 결정했다. 로즈너는 세세한 비용까지 직접 챙기고, 직원들에게 성과 의식을 철저히 고취하는 이상적인 경영자였다. 둘의 협력 관계는 로즈너가 은퇴할 때까지 약 20년간 지속되었다.

열정은 회사 성장의 가장 큰 원동력이다

회사 구성원의 성과 의식 고취

어소시에이티드 코튼 숍 오너
벤 로즈너

올랐네!

경영자가 직접 화장실 벽에 주기적으로 실적 차트를 붙였다.

직원들이 언제든 확인할 수 있도록 게시함으로써, 성과 의식을 고취했다.

한 파티에서

그런가요!

화장실용 휴지는 얼마에 구매하나?

경리부

다행이군. 우리가 더 싸네.

개당 400원입니다.

우리 회사에서 사용하는 화장실용 휴지는 1개 600원 정도인데….

열정은 성공의 원동력이 된다.

경비 절감   타사의 화장실용 휴지 가격을 들은 로즈너는 본인 회사에서 사용하는 가격을 바로 확인했다.

09
성공할 자격을 갖춘 사람으로 거듭난다

큰 성공을 끌어들이기 위해서는 먼저 자신을 연마하고, 가치 있는 인연을 쌓아야 한다.

버핏은 젊은 시절부터 많은 경험을 통해 세상을 이해하려는 노력을 아끼지 않았다. 인생에서 만나는 사람들과의 관계를 중요하게 여겼고, 기회가 오기를 기다릴 것이 아니라 성공을 끌어당겨야 한다고 믿었다. 즉, 스스로 성공할 자격이 있는 사람으로 성장해야 더 큰 기회가 찾아온다는 것이다. 이러한 신념은 그가 종종 사용하는 '눈덩이 효과 Snowball Effect' 비유에서도 잘 드러난다.

자신이 훌륭한 사람이 되는 것이 중요하다

세상의 이치를 깨닫고, 좋은 친구를 곁에 두기 위해 끊임없이 노력해야 한다.

그는 인생에 필요한 경험을 눈덩이에 비유하며 "인생은 눈덩이를 굴리는 것과 같다. 습기를 머금은 작은 눈덩이를 찾는 것과 그것을 평생 굴릴 수 있는 언덕을 발견하는 것이 인생이다."라고 말한다. 젊은 시절부터 성과와 경험을 쌓고 훌륭한 인물들과 관계를 맺으며 자신의 가치를 키우는 것이 중요하다는 의미다. 버핏이 강조하는 성공은 행운이 아니라 준비된 자에게 찾아오는 필연적인 결과이다. 그는 일찍부터 경험을 쌓고 노력을 아끼지 않아야 더 크고 단단한 성공을 거둘 수 있다고 믿었고, 이를 자신의 일과 삶에서 직접 실천하며 입증해 보였다.

눈덩이는 최대한 빨리 굴리기 시작해야 한다

워런 버핏 젊을 때부터 경험을 쌓다 보니, 남들보다 더 많은 지혜를 얻을 수 있었다.

지성이나 에너지보다
성실함이 훨씬 더 중요하다

버핏은 투자 결정을 내릴 때 주식을 사는 것이 아니라 기업을 사고, 더 나아가 '사람'에 투자한다는 의식이 중요하다고 말한다. 그가 가장 중요하게 여기는 인간의 자질은 '성실'이다. 실력과 지성을 갖춘 사람보다 안심하고 회사를 맡길 수 있는 인재에게 투자한다는 것이 그의 철학이다.

그는 61세 때 국채 부정 입찰로 파산 위기에 처한 살로몬 브라더스의 임시회장이 되어 경영 정상화를 이끌었다. 이때 그가 내린 첫 번째 조치는 부정을 저지른 경영진의 전면 교체였다. 윤리의식이 확고한 데릭 모건을 새 사장으로 임명하며 신뢰 회복을 최우선 과제로 삼았다. 버핏은 이 사건을 통해 기업이 오랜 시간 쌓아온 브랜드 가치와 고객의 신뢰가 한순간의 불미스러운 일로 무너질 수 있다는 점을 다시 한번 확인했다. 그리고 다음과 같은 교훈을 남겼다.

"지성, 에너지, 그리고 성실함. 하지만 성실함이 없이는 앞의 두 가지는 아무 의미가 없다."

워런 버핏의 명언

Chapter 3

"나는 많은 사람에게 투자해 왔고,
그들에 대해 잘 알고 있다."

버핏은 투자를 결정할 때 경영진의 인격에 주목한다. 투자할 기업의 경영진이 신뢰할 수 있는 인물인지, 그들과의 관계에서 서로 이해하고 사업을 믿고 맡길 수 있는지를 중요하게 생각한다.

"경영진이 '쉬운 일입니다.'라고 말한다면
그것은 대개 쉬운 일이 아니다."

경영자가 쉬운 일이라고 생각해도 직원들에게는 해결하기 어려운 경우가 있다. 쉽다는 말을 가볍게 하는 경영자는 내부 사정을 제대로 파악하지 못하고 있을 가능성이 높다. 버핏은 그런 경영진과는 장기적인 협력 관계를 맺을 수 없다고 믿는다.

"영웅으로 삼을 수 있는 인물을 찾는 것이 중요하다."

존경하고 따를 만한 인물을 롤모델로 삼으면 인생의 방향을 설정하고 중요한 결정을 내릴 때 큰 힘이 된다. 그들은 어떤 상황에서도 올바른 선택을 할 수 있도록 이끄는 지침이 된다.

"인생은 눈덩이를 굴리는 것과 같다.
습기를 머금은 작은 눈덩이를 찾는 것과
그것을 평생 굴릴 수 있는 언덕을 발견하는 것이 인생이다."

버핏은 인생을 눈덩이에 비유하며 성공하기 위해서는 주변에 훌륭한 사람을 모아야 하고 이를 위해서는 먼저 자신이 훌륭한 사람이 되어야 한다고 말한다. 역량을 키우고 가치 있는 사람으로 성장하는 것이 결국 더 큰 성공으로 이어진다는 의미다.

Chapter

4

Warren Buffett
Investment Note

버핏이 알려주는 투자 원칙 ①

투자자로서 여러 차례 시장의 과열과 침체를 경험한 버핏은 과도한 레버리지의 위험성을 깊이 인식하게 되었다. 또한, 어떤 상황에서도 신중하게 숙고한 후 결정을 내려야 한다는 중요한 교훈을 얻었다. 이 장에서는 불확실성 가득한 투자 환경에서 리스크를 효과적으로 관리하는 방법을 살펴본다.

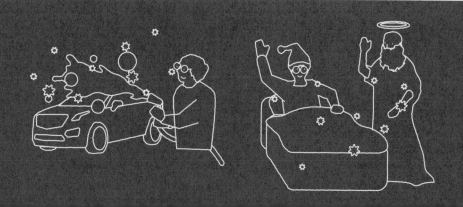

01

아무리 큰돈이라도
0을 곱하면 0이 된다

LTCM의 성공과 몰락은 투자 세계에 중요한 교훈을 남겼다. 수익만 추구하다
보면 리스크 관리에 소홀해질 수 있다는 점이다.

레버리지 leverage는 타인의 자본을 빌려 수익률을 극대화하는 투자 기법이다. 1994년 설립된 롱텀 캐피털 매니지먼트 LTCM Long-Term Capital Management는 고도의 수학적 모델을 활용해 시장의 비효율성을 공략하며 막대한 수익을 올렸다. 한때 미국 내 최대 규모의 헤지펀드 중 하나로 성장했으나 1997년 아시아 외환 위기와 1998년 러시아 금융 위기가 겹치면서 과도한 레버리지가 독이 되었다.

LTCM이 파산에 이른 과정

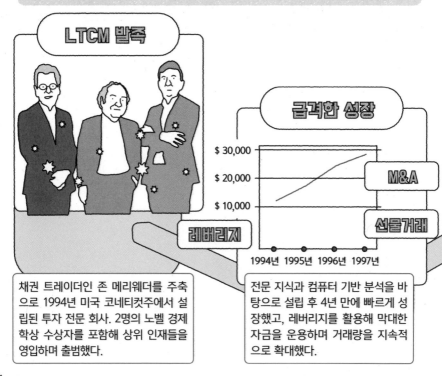

LTCM 발족

급격한 성장

$ 30,000
$ 20,000
$ 10,000

M&A

선물거래

레버리지

1994년 1995년 1996년 1997년

채권 트레이더인 존 메리웨더를 주축으로 1994년 미국 코네티컷주에서 설립된 투자 전문 회사. 2명의 노벨 경제학상 수상자를 포함해 상위 인재들을 영입하며 출범했다.

전문 지식과 컴퓨터 기반 분석을 바탕으로 설립 후 4년 만에 빠르게 성장했고, 레버리지를 활용해 막대한 자금을 운용하며 거래량을 지속적으로 확대했다.

단기간의 시장 변동성을 견디지 못한 LTCM은 심각한 유동성 위기에 빠졌다. 결국 미국 연방준비제도(Fed)가 개입하며 가까스로 파산을 면했다. 버핏은 이 사태를 두고 "아무리 높은 수익을 올려도 한 번 0을 곱하면 결국 0이 된다."라고 말했다고 전해진다. 이는 단순한 수익률이 아니라 리스크 관리의 중요성을 강조한 말이다. 눈앞의 이익만 추구하다가 리스크를 간과하면, 아무리 높이 쌓아 올린 탑도 한순간에 무너질 수 있음을 보여주는 뼈아픈 사례다.

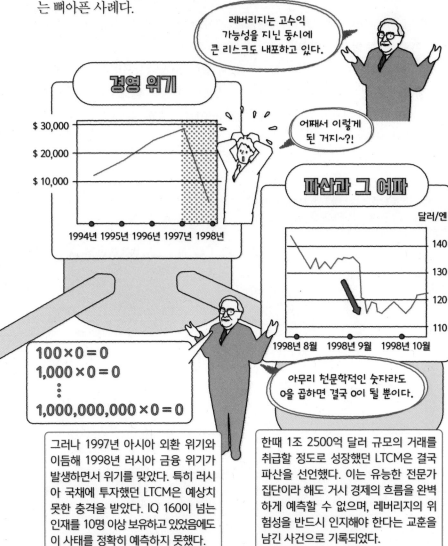

레버리지는 고수익 가능성을 지닌 동시에 큰 리스크도 내포하고 있다.

경영 위기

어째서 이렇게 된 거지~?!

$ 30,000
$ 20,000
$ 10,000

1994년 1995년 1996년 1997년 1998년

파산과 그 여파

달러/엔
140
130
120
110

1998년 8월   1998년 9월   1998년 10월

100 × 0 = 0
1,000 × 0 = 0
⋮
1,000,000,000 × 0 = 0

아무리 천문학적인 숫자라도 0을 곱하면 결국 0이 될 뿐이다.

그러나 1997년 아시아 외환 위기와 이듬해 1998년 러시아 금융 위기가 발생하면서 위기를 맞았다. 특히 러시아 국채에 투자했던 LTCM은 예상치 못한 충격을 받았다. IQ 160이 넘는 인재를 10명 이상 보유하고 있었음에도 이 사태를 정확히 예측하지 못했다.

한때 1조 2500억 달러 규모의 거래를 취급할 정도로 성장했던 LTCM은 결국 파산을 선언했다. 이는 유능한 전문가 집단이라 해도 거시 경제의 흐름을 완벽하게 예측할 수 없으며, 레버리지의 위험성을 반드시 인지해야 한다는 교훈을 남긴 사건으로 기록되었다.

02 투기는 쉬워 보일 때 위험하다

금융업계에는 투자자를 유혹하는 달콤한 말이 넘쳐난다. 특히 시장이 호황일 때는 누구나 쉽게 돈을 벌 수 있을 것 같지만 그럴 때일수록 주의해야 한다.

한 남자가 수의사를 찾아가 물었다. "제가 키우는 말이 어떤 때는 잘 걷고, 어떤 때는 절뚝거립니다. 어떻게 하면 좋을까요?" 그러자 수의사가 답했다. "별문제 없습니다. 말이 잘 걸을 때 팔아 버리세요." 버핏은 이 우화를 금융시장에 빗대어 말했다. "금융 세계에서는 병든 말도 '세크리테리엇 Secretariat(미국 경마 역사상 위대한 명마)'이라는 이름으로 팔려나간다."

매도 타이밍만 잘 잡으면 병든 말이라도 명마가 된다

판매자는 투자 대상의 배후에 자리한 위험은 보여주지 않고 좋은 점만 교묘하게 홍보하기 때문에 주의해야 한다.

이는 실체 없는 자산조차도 그럴듯한 포장으로 고평가될 수 있음을 경고하는 말이다. 투기 열풍이 불면 감언이설로 투자자들을 현혹해 막대한 자금을 끌어모으는 이들이 넘쳐난다. 한때 유망해 보이던 자산이 한순간에 폭락하는 버블 붕괴의 역사가 이를 증명한다. 그럴싸해 보이는 투자 기회가 눈앞에 펼쳐졌다면, "투기는 가장 쉬워 보일 때 가장 위험하다."라는 버핏의 일침을 떠올려야 한다.

달콤한 투자 이야기에는 숨겨진 허점이 있을 수 있다

87

03 빚을 지지 마라

버핏은 레버리지에 회의적이다. 단기적으로는 수익을 극대화할 수 있지만, 시장이
예상과 다르게 움직일 경우 감당할 수 없는 손실을 초래할 위험이 크기 때문이다.

버핏은 "시장 환경이 나빠지면 레버리지는 역효과를 낸다."라며 경고한
다. "그 결과 지금까지 쌓아 올린 운용 성과가 순식간에 사라지고, 주식 자
본이 증발할 수 있다."라고 거듭 강조한다. 앞서 언급한 LTCM의 붕괴가
대표적인 사례다. LTCM은 자본금 1달러당 최대 100달러까지 레버리지를
활용해 대규모 자산을 운용했지만 예기치 못한 금융 위기 속에서 감당할
수 없는 손실을 입으며 사실상 파산했다. 이는 과도한 레버리지가 얼마나
위험한지를 극적으로 보여준 사건이었다.

차입으로 자금을 부풀리는 레버리지

자금이 부족할 때 자본을 빌려서 수익률을 높이는 레버리지는 예치한 보증금을
담보로 최대 25배까지 거래할 수 있다. 다만, 보유 자금보다 큰 금액을 투입하는
만큼 손실도 커질 위험이 있다.

버핏은 투자에서 가장 중요한 원칙으로 "제1원칙, 절대 돈을 잃지 마라. 제2원칙, 제1원칙을 절대 잊지 마라."를 꼽는다. 그는 LTCM 사태를 목격한 후 '빚을 지지 마라'는 원칙을 추가했다. 레버리지를 활용하면 더 높은 수익을 기대할 수도 있지만, 그는 이를 지양하며 "그렇게 하면 밤에 잠을 못 잘 것이다."라고 말했다고 전해진다. 버핏이 강조하는 바는 명확하다. 투자는 장기적인 게임이며, 불필요한 위험을 감수하는 것은 결코 현명한 전략이 아니라는 것이다.

버핏의 투자 원칙

버핏의 신조는 '부를 얻고 부를 유지한다(get rich stay rich)'이다.
이를 실현하기 위해 스스로 정립한 투자 원칙을 철저히 지켰다.

04 무지와 부채가 결합하면 위험하다

지식 없이 무작정 뛰어들거나 빚을 내어 투자하는 것은 매우 위험하다. 투자는 합리적인 판단에 기반해야 하며, 위험을 통제하는 것이 무엇보다 중요하다.

버핏은 "무지와 부채가 결합할 때 그 결과는 한층 더 파괴적이다."라고 경고한다. 이는 단순한 투자 실수에서 그치지 않고, 잘못된 결정이 엄청난 손실로 이어질 수 있음을 의미한다. 특히 파생금융상품(주식·채권 등 기초 자산의 가치 변동에 따라 가격이 결정되는 금융상품)에 내재한 이중의 위험성을 강조한다. 첫째, 파생금융상품은 구조가 복잡하여 제대로 이해하려면 상당한 전문 지식이 필요하지만, 많은 투자자가 수익성만 보고 섣불리 뛰어든다. 둘째, 대부분의 파생금융상품이 레버리지를 활용하므로 손실이 통제 불가능한 수준까지 확대될 수 있다.

무지 + 부채 → 위험!

파생금융상품이 뭔지 잘 모르지만, 어쨌든 돈은 벌 수 있어!

레버리지를 활용하면 투자 규모를 키울 수 있지.

무지

부채

우와, 위험하니까 그렇게 하지 마!

구조를 완전히 이해하고 합리적으로 접근할 수 없다면, 그 어떤 투자도 해서는 안 된다는 것이 버핏의 입장이다. 무지와 부채의 결합만큼 파괴적인 것은 없다.

파생금융상품은 본질적으로 고위험·고수익 투자 수단이다. 기대한 만큼 높은 수익을 낼 수도 있지만, 예상치 못한 변동성이 발생하면 순식간에 큰 손실을 볼 위험이 크다. 따라서 투자자는 원리를 완전히 이해한 후 신중하게 접근해야 한다. '투자는 합리적으로 해야 한다'는 신념을 가진 버핏은 어설픈 지식과 빚을 결합한 투자를 절대 용납하지 않는다.

이론을 모르고 뛰어들면 위험하다

고위험·고수익 투자 수단인 파생금융상품은 고도로 복잡한 금융 이론을 이해하지 못할 경우 위험을 통제할 수 없다. 그런데도 원리를 제대로 이해하지 못한 채 뛰어들었다가 큰 손해를 보는 이들이 많다.

05

인간은 본능적으로 돈이 벌리는 이야기를 믿는다

사람들은 논리적으로 설득력 있는 주장보다, 확실한 근거가 없더라도 귀를 솔깃하게 만드는 수익 이야기에 쉽게 현혹된다. 이것이 인간의 본능이다.

역사를 돌아보면 수익률만 믿고 투자했다가 큰 손실을 입고 후회하는 사람들이 항상 존재해 왔다. 미국 경제사에서도 크고 작은 버블이 형성되고 붕괴하기를 반복해 왔는데, 대표적인 사례로 1990년대 닷컴 버블과 2000년대 서브프라임 모기지로 인한 부동산 버블이 있다. 특히 서브프라임 모기지 사태가 촉발한 2008년 리먼 브라더스 파산은 금융 위기로 번지며 세계 경제를 뒤흔들었다.

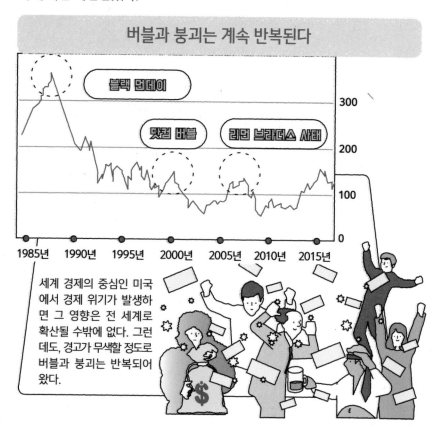

버블과 붕괴는 계속 반복된다

블랙 먼데이

닷컴 버블

리먼 브라더스 사태

세계 경제의 중심인 미국에서 경제 위기가 발생하면 그 영향은 전 세계로 확산될 수밖에 없다. 그런데도, 경고가 무색할 정도로 버블과 붕괴는 반복되어 왔다.

이처럼 시장이 격변하며 수많은 투자자가 큰 손실을 보았음에도 버블은 계속 반복되고 있다. 서브프라임 모기지에 내재한 위험을 미리 간파했던 버핏조차도 금융 시스템의 붕괴를 지켜보며 "일생일대의 충격이었다."라고 회고했다. 그는 인간이 금융 시장에서 같은 실수를 반복하는 이유에 대해 "인간에게는 어리석은 짓을 하는 본능 같은 것이 있다."라고 말하며, 투자자들에게 본능에 휘둘리지 말고 냉철한 판단을 유지하라고 당부했다.

돈 버는 이야기에 끌리는 것은 인간의 본능이다

이런 시기는 그리 오래가지 않을 거야.

거품은 언젠가 꺼지기 마련이라는 당연한 경고에도 귀를 기울이지 않는 사람이 많았다.

One point

버핏은 서브프라임 모기지 사태를 예측했지만, 실제로 전 세계에 재앙과 다름없는 대 폭락장이 발생했을 때의 충격은 상상 이상이었다.

몰라~

누군가의 손실은 남의 일이라 생각하는 경우가 많았으며, 리스크를 외면하고 투기적 수익에만 혈안이 되었다.

오~ 알려줘~.

구미가 당기는 이야기가 있지~.

버블은 인간의 판단력을 크게 흐린다. 부풀어 오른 거품이 결국 터질 수밖에 없다는 사실을 과거 사례들에서 명확히 알 수 있음에도, 그 당시의 열광에 휘말린 사람들은 끝내 파멸을 향해 어리석은 선택을 반복한다. 버핏은 이러한 현상이 결국 인간 본성에 뿌리를 두고 있다고 보았다.

06 무리한 도전보다는 확실한 기회를 포착하라

투자할 때 단순히 가격이 저렴하다는 이유로 매수하기보다는 자신이 잘 아는 업종과 경쟁력 있는 기업을 찾는 것이 장기적으로 더 나은 결과를 가져온다.

경영자가 아무리 뛰어나도 사양 산업에 속해 있다면 기업의 성장 가능성은 제한적일 수밖에 없다. 버핏의 투자 실패 사례 중 하나로 꼽히는 혹스차일 드 콘 백화점도 마찬가지였다. 당시 그는 저렴한 가격에 매입할 수 있다는 이유로 투자했지만, 백화점 산업 자체가 이미 성장 정체기에 접어든 상태 였기 때문에 경영 회복에 실패했다. 이 경험을 통해 버핏은 '아무리 싸더라 도 미래가 불투명한 산업에는 투자하지 않는다'는 중요한 교훈을 얻었다.

싸다는 이유로 섣불리 손대지 마라

헐값에 매수했어도 수익을 보장받지 못하면 성장을 기대할 수 없다. 이는 운용자금만 지출하는 셈이므로 헐값에 사서 손해를 보는 것과 다를 바 없다. 버핏은 이를 경험으로 배웠다.

버핏의 결론은 명확하다. "단순히 싸다고 투자하기보다는, 적정한 가격에 우수한 기업을 사는 것이 더 낮은 리스크로 높은 성과를 얻을 수 있는 길이다." 그는 이를 '30cm 허들' 비유로 설명한다. "내가 투자에서 성공할 수 있었던 이유는 뛰어넘을 수 있는 30cm 허들을 찾는 데 역량을 집중했기 때문이지, 2m 허들을 넘을 수 있는 능력을 개발했기 때문이 아니다." 즉, 불필요한 도전에 집착하기보다는 확실한 기회를 포착하는 것이 현명한 투자 전략이라는 의미다.

버핏의 성공 비결

버핏은 자신의 성공 비결을 허들 높이에 비유했다. 어려운 비즈니스에 투자하는 위험을 감수하기보다는 자신이 잘 알고, 파악하기 쉬운 사업을 찾아 투자하는 것이 더 낫다는 것이다.

주변 이미지

2m

현실

30cm

당신은 애초에 성공할 만한 능력이 갖추고 있지 않았나요?

아니요, 전 이해하기 쉬운 사업에 투자해 왔을 뿐입니다.

07 자본의 25% 이상은 빌리지 않는다

버핏은 대출을 극도로 꺼리지만, 필요한 경우에는 최소한의 부채를 활용하기도 했다. 다만, 자기자본의 25% 이상을 빌리지 않는다는 원칙을 철저히 지켰다.

버핏은 21세에 처음 대출을 받았다. 당시 그는 2만 달러의 자기자본만으로는 부족하다고 판단해, 은행에서 5천 달러를 빌렸다. 이때조차도 자기자본 대비 25%를 초과하지 않는다는 원칙을 엄격히 적용했다. 이후 투자나 사업을 확장하는 과정에서도 이 원칙을 한 번도 어긴 적이 없었다.

대출은 자기자본의 25% 이내로

버핏은 100만 달러가 있으면 성공할 수 있는 아이디어가 떠올랐지만, 당시 자기자본이 2만 달러였다. 그래도 자신의 원칙을 굽히지 않았다.

레버리지를 극도로 싫어하는 버핏도 자기자본만으로 투자가 가능하다고 생각하지는 않았다. 그는 21세에 처음 대출을 받았다.

이 원칙은 가족에게도 동일하게 적용되었다. 한때 조카가 주택 구입 자금의 일부를 빌려달라고 요청했을 때, 버핏은 이를 정중히 거절하며 말했다. "나는 내 자산의 25% 이상을 빌려 본 적이 없다." 투자 세계에서는 실제 거래 금액의 몇 배에 달하는 이익과 손실이 발생할 수 있다. 버핏은 그 무서움을 누구보다 잘 알고 있었고, 이를 통제하기 위해 철저한 부채 관리 원칙을 지켜온 것이다.

자기자본이 부족한 채로 위험한 다리를 건너지 마라

자금이 충분하지 않다면 위험한 투자에 뛰어들면 안 된다는 것이 버핏의 입장이다. 이를 비유적으로 설명하며 "9,800 파운드짜리 트럭이 다리를 여러 번 건너려면 10,000 파운드가 아니라 15,000 파운드의 중량을 견딜 수 있는 강도가 필요하다."라고 말했다.

08 어느 정도의 위험은 감수해야 한다

우수한 사업이라면 리스크를 감수하고서라도 투자할 가치가 있다.

버핏은 투자에서 신중함을 강조하지만, 동시에 '완전한 안전은 없다'는 현실도 인정했다. 그는 한국 기업에 투자할 당시 북한 리스크에 대한 우려가 존재했음에도 "투자할 때는 어느 정도의 리스크를 감수해야 한다. 미래는 언제나 불확실하다."라고 말했다. 또한 이스라엘 기업을 인수할 때는 주변의 우려에 대해 "세계 어디든 위험이 도사리고 있다. 미국도 평시에는 이스라엘 못지않게 위험하다."라고 반박하며 모든 투자에 내재한 불확실성을 인정하고 그에 따른 대응 전략을 세우라고 강조했다.

미래는 불확실하지만, 리스크는 줄일 수 있다

벤저민 그레이엄은 '안전마진'이라는 개념을 제시한다. 이는 기업의 실질 가치인 내재 가치와 시장의 거래 가치인 주가 간의 차이를 의미한다. 가치에 비해 가격이 저렴할수록 안전마진 영역이 넓어져 투자 대상이 더 안전하다는 것이다. 버핏도 이 안전마진의 중요성을 강조했다.

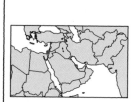

지정학적으로는 분쟁의 위험이 있어도 투자에 있어서는 위험을 감수해야 할 때가 있다.

버핏이 리스크를 감수했다고 해서 무모한 투자를 한 것은 아니다. 그는 항상 장기적으로 안정적인 사업 모델을 가진 기업에 집중했다. 한국에서는 제철업과 제분업 등 산업 기반이 탄탄한 기업들을 선택했으며, 이스라엘에서도 전 세계 60개국에 사업을 운영하는 글로벌 기업을 인수했다. 즉, '위험을 무조건 피하는 것이 아니라, 감수할 만한 위험을 선택하는 것'이 버핏이 지켜온 핵심 투자 원칙이다.

미래는 불확실하다. 좋은 비즈니스라고 확신했다면, 어느 정도 위험은 감수해야 한다.

왜 위험한 국가의 기업에 투자하셨나요?

미국도 평시의 이스라엘만큼 위험해요.

One point

버핏이 투자한 이스라엘 기업들은 주요 공장이 분쟁지역과 가까운 곳에 있다는 리스크가 있었지만, 우수한 제품과 유능한 경영진을 보유하고 있었다.

이스라엘에서는 전 세계에 고객이 있는 글로벌 기업을 투자 대상으로 했다.

한국에서는 10년 후에도 성장을 기대할 수 있는 기업에 투자했다.

버핏은 어떤 환경이든 제품이 팔리고 경쟁력을 유지할 수 있는 기업에 투자한다면 리스크를 충분히 보완할 수 있다고 생각했다.

버핏은 미국다움을
고집한다

버핏이 태어나고 자란 미국에서는 '아메리칸드림'이라는 정신이 오랫동안 사회를 지탱해 왔다. 그는 이 '미국다움'을 신념으로 삼은 사람 중 한 명이다.

'아메리칸드림'은 출신이나 배경과 관계없이 재능 있고 노력하는 사람 누구나 성공할 수 있다는 믿음에서 출발한다. 이는 미국 건국 당시, 신분이 사회적 지위를 결정짓던 유럽과 대조적으로, 개인의 역량이 기회를 창출한다는 가치관에 뿌리를 두고 미국의 정체성을 형성했다. 버핏은 이러한 정신에 근거해 철저한 자기 신념과 성실함을 무기로 투자에 임했다.

그러나 현대 미국에서는 '빈곤의 대물림' 현상이 심화하면서 '아메리칸드림'의 가치가 흔들리고 있다는 지적이 많다. 그러나 버핏은 여전히 노력과 투자로 기회를 창출할 수 있다는 신념을 지키며, 스스로 아메리칸드림을 실현해 가고 있다.

"아무리 높은 수익을 올려도
한 번 0을 곱하면 결국 0이 된다."

버핏은 리스크를 무시하고 눈앞의 이익만 좇는 투자 방식에 대해 경고한다. 아무리 많은
성과를 쌓아도, 한순간의 실수나 리스크가 모든 것을 앗아갈 수 있음을 명확히 전한다.

"투기는 가장 쉬워 보일 때 가장 위험하다."

투자의 세계에서는 정보가 넘쳐나고 그중에는 쉽게 수익을 낼 수 있다고 홍보하는 기
업들도 있다. 버핏은 거기에 큰 위험이 도사리고 있다고 지적한다.

"무지와 부채가 결합할 때 그 결과는 한층 더 파괴적이다."

부채를 이용한 투자는 자칫하면 자산의 몇 배에 달하는 손실을 초래할 수 있다. 이해가
부족한 상태에서 빚까지 지는 투자는 자산과 미래를 위험에 빠뜨릴 수 있음을 경고한다.

"내가 투자에 성공할 수 있었던 비결은 뛰어넘을 수 있는
30cm 허들을 찾는 데 역량을 집중했기 때문이지,
2m 허들을 뛰어넘을 수 있는 능력을 개발했기 때문이 아니다."

버핏은 자신이 잘 이해하고 관리할 수 있는 분야에 집중한다. 어려운 목표를 무리하게
추구하기보다, 충분히 이해할 수 있는 사업을 찾아 그 안에서 리스크를 관리하는 것이
투자 성공의 길이라고 강조한다.

Chapter

5

Warren Buffett
Investment Note

버핏이 알려주는 투자 원칙 ②

이 장에서는 버핏이 고수하는 또 다른 투자 원칙들을 살펴본다. 그는 때때로 투자 세계의 정석으로 여겨지는 '분산 투자'에 대해 회의적인 견해를 피력하기도 하고, 무분별한 사업 다각화의 위험성을 경고하기도 했다. 수많은 성공과 실패를 통해 축적한 경험은 그만의 독자적인 투자 철학을 탄생시켰다.

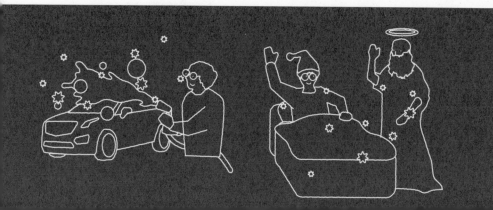

01 증권사와 고객의 관계는 Win-Win이 아니다

증권사가 추천하는 투자 방법이 반드시 고객에게 이득이 되는 것은 아니다.

버핏은 아버지 하워드가 운영하는 증권사 버핏 포크사 Buffett-Falk&Co에서 일하며, 고객의 이익과 증권사의 이익이 상충하는 현실을 직접 경험했다. 그는 오랜 기간 우량주를 보유하는 것이 최선의 투자 전략이라는 결론을 내렸다. 버핏은 대학원생 시절부터 본인이 실제로 투자한 보험회사 가이코 GEICO 같은 우량주를 20년 이상 장기 보유할 것을 고객들에게 조언했다.

증권사의 말을 무조건 신뢰하지는 말 것

젊은 시절의 버핏

이 종목을 추천합니다.

오, 정말요?

나는 수수료를 벌지만, 고객에게 유리하다고 보긴 힘들어….

추천 종목을 믿고 투자했을 뿐….

증권사에서 근무하던 버핏은 회사 수익에 이로운 종목을 고객에게 추천했다.

증권사가 이익을 늘리기 위해 추천하는 종목은 고객에게 이익이 되지 않을 수 있다.

그러나 증권사의 입장에서 이는 달갑지 않은 조언이었다. 장기 보유 전략을 따르면 매매 횟수가 줄어들어 수수료 수익이 감소하기 때문이다. 이에 대해 버핏은 증권사들이 매매 회전율이 높은 종목을 추천하는 이유가 고객의 이익보다는 수수료 수익을 극대화하는 데 있다는 점을 지적하며 "증권사에 좋은 것은 고객에게 좋은 것이 아니다."라고 단언했다. 금융 업계의 조언이 투자자에게는 최선이 아닐 수도 있음을 인지해야 한다.

02 투자금이 적으면 성공할 기회도 적다

버핏은 일찍부터 극단적인 분산 투자에 회의적이었다.

버핏은 스승인 벤저민 그레이엄의 투자 원칙을 충실히 따랐지만, 무작정 여러 종목에 나누어 투자하는 방식에는 의문을 가졌다. 대표적인 사례가 바로 보험회사 가이코 투자다. 버핏은 직접 워싱턴 D. C.까지 가서 가이코의 재무 담당 부사장과 몇 시간 동안 대화를 나눈 후, 전 재산의 75%를 투자하는 결정을 내렸다. 이는 그레이엄의 분산 투자 원칙과 정반대되는 극단적인 집중 투자였다.

분산 투자의 함정

A사 B사 C사 D사 E사 F사 G사 H사

음… 과연 그럴까?

분산 투자로 리스크 회피!

벤저민 그레이엄의 이론

버핏은 투자 기회가 확실하다고 판단될 때 과감하게 집중적으로 투자하는 전략을 택했다. 일반적으로 '분산 투자로 리스크를 줄여야 한다'는 것이 투자 세계의 통념이다. 그러나 버핏은 "분산 투자는 무지한 이들의 투자 방법이다."라고 말하며, 철저한 분석과 확신을 바탕으로 소수의 우량주를 장기간 보유하는 전략을 고수했다.

03

'다른 사람도 다 하고 있다'는 말을 가장 경계하라

금융 세계에 부정과 편법이 만연해도 버핏은 이를 절대 용납하지 않았다.

2006년, 미국에서 유명 기업 100여 곳이 스톡옵션(주식매수선택권) 부여 시점을 조작해 부당한 이익을 챙긴, 이른바 '백데이팅 Back-dating 사건'이 큰 쟁점이 되었고, 투자자들의 실망은 컸다. 하지만 버핏이 이끄는 버크셔 해서웨이는 이 부정과 무관했다. 그럼에도 버핏은 산하 기업에 윤리적 각성을 촉구하며 이렇게 경고했다. "비즈니스에서 가장 위험한 유혹은 '다른 사람도 다 하고 있다Everybody else is doing it'라는 다섯 단어이다."

버핏의 준법정신에는 타협이 없다. 그는 "부정의 선을 넘나드는 행위는 물론이고, 그 선에 접근하는 행위도 부정으로 간주한다."라고 말할 정도로 철저하다. 그에게 성실과 신뢰는 최우선의 가치이며 기업이 장기적으로 살아남는 필수 조건이다. 그는 말한다. "우리는 돈을 잃을 수 있다. 심지어 많은 돈을 잃어도 된다. 그러나 평판을 잃을 수는 없다. 단 한치도 잃어서는 안 된다."

성실을 추구하고 신뢰를 지켜야 한다

04 사업 다각화는 무지를 감추는 수단이다

버핏은 무분별한 사업 다각화보다 한 가지 사업에 집중하는 것이 더 우월하다고 말한다.

과거에는 기업의 다각화가 경영 전략으로 주목받았지만, 지금은 '선택과 집중'의 시대이며, 한 분야에서 압도적인 경쟁력을 갖춘 기업이 살아남는다. 다양한 사업을 펼치더라도 강점이 뚜렷하지 않으면 도태될 수밖에 없다. 버핏은 이러한 흐름이 자리 잡기 전부터, 다각화보다 단일 사업에 집중하는 것이 중요하다고 강조해 왔다.

다각화보다 '선택과 집중'

다각화   선택과 집중

버핏은 "사업 다각화는 무지를 감추는 하나의 수단이다. 자신이 하는 사업을 깊이 이해하고 있다면, 다각화는 무의미하다."라고 말한다. 그의 말대로 껌 제조 유통에 집중해 세계 최고가 된 리글리 Wm. Wrigley Jr. Company, 출판 왕국을 이룩한 허스트 Hearst Corporation 등 한 가지 사업에 특화해 성공한 사례는 무수히 많다. 버핏 역시 산하 기업의 경영에 개입하지 않고 자신이 잘할 수 있는 투자에 집중하고 있다.

착수한 사업을 깊이 이해하다

문어발식 사업 확장으로 몸집을 늘리기보다는 주력 사업에 대해 깊이 이해하고 집중하는 내실 경영이 필요하다.

05 경영자의 실책에도 무너지지 않을 우량 기업을 선택하라

버핏이 투자를 결정하는 기업 선택 기준은 무엇일까?

버핏은 기업을 선택할 때 경영자보다 사업 모델을 우선한다. "바보라도 경영할 수 있는 탁월한 사업 모델을 가진 기업에 투자하라. 어떤 기업이든 언젠가 바보가 경영할 가능성이 있기 때문이다."라는 그의 말처럼 아무리 뛰어난 경영자가 나타나도, 사업 모델이 취약하면 성공하기 어렵다. 반면, 사업 모델이 우수하면 일시적인 경영 실책에도 다시 살아날 수 있다.

경영자와 사업 모델 중 무엇을 우선할까?

음… 어느 쪽에 투자해야 할까?

저는 이쪽을 선택하겠습니다.

사업 모델과 경영자, 둘 중 하나만 우수하다면,
버핏은 사업 모델이 우수한 회사를 선택한다.

코카콜라 컴퍼니도 한때 무능한 경영자를 영입한 적이 있었다. 버핏이 '위대한 리더이자 위대한 신사'라고 극찬했던 CEO 로베르토 고이주에타의 사망 후, 후임 CEO들은 경영 실책, 실적 악화, 리더십 부재 등의 문제를 연이어 일으키며 브랜드 위상을 실추시켰다. 그러나 코카콜라는 부활했다. 버핏은 그 이유가 사업 모델 자체가 뛰어났기 때문이라고 단언한다. 위대한 기업은 어리석은 경영자에게 맡겨도 쉽게 무너지지 않는다. 이것이 바로 버핏이 '탁월한 사업 모델'을 가장 중시하는 이유다.

뛰어난 경영자가 기업을 잘 이끌어 간다면…?

사업 모델이 탁월하지 않으면 아무리 뛰어난 경영자라도 성공하기 어렵다.

내가 경영자여도 괜찮아?

네, 상관없습니다.

사업 내용에 주목하겠습니다!

바보라도 경영할 수 있는 탁월한 사업 모델을 가진 기업에 투자하라.

버핏이 신뢰하는 코카콜라도 어리석은 경영진이 연이어 문제를 일으켰지만, 사업적 우위를 바탕으로 부활한 적이 있다.

06 투자 조건보다 사업 모델을 우선하라

버핏도 판단 착오로 투자에 실패한 경험이 있다. .

우수한 사업 모델을 찾아내는 데 능숙한 버핏도 때때로 실수를 범했다. 1989년, 그는 항공사 US 에어웨이즈 US Airways를 포함한 세 개 기업의 '전환 우선주'를 매입했다. 전환우선주는 실적이 나빠도 배당을 우선으로 받을 수 있고, 실적이 좋아지면 보통주로 전환해 더 높은 배당을 기대할 수 있는 주식이다. 하지만 버핏의 기대는 빗나갔다.

사업 모델 파악하기

버핏은 US 에어웨이즈, 질레트, 챔피온 3사의
주식을 '전환우선주'라는 이유로 매입했다.

투자한 세 개 기업 중 두 곳은 경영 상태가 심각할 정도로 부실했고, US 에어웨이즈는 약속한 9% 이상의 배당금조차 지급하지 못할 정도로 위기에 빠졌다. 결국 주가는 급락했고, 버핏도 손실을 피할 수 없었다. 그는 "우선주라는 이유로 투자했다. 훌륭한 사업이라고 판단한 것은 아니었다. 훌륭한 사업은 세상에 그리 많지 않다."라고 말하며 실패를 인정했다. 이후, 그는 투자 구조가 아무리 유리해도 사업 모델 자체가 탁월하지 않으면 투자하지 않는다는 원칙을 더욱 철저히 지키게 되었다.

07 문제가 하나 보이면 더 많은 문제가 숨어있다

버핏은 부실한 사업에서 문제가 연이어 터지는 것을 '부엌의 바퀴벌레'에 비유했다.

기업을 경영하다 보면 크고 작은 문제들이 발생하기 마련이다. 하지만 일부 기업들은 사업의 근간을 흔들 정도로 치명적인 문제를 안고 있다. 버핏은 이런 기업들은 아무리 매력적인 조건을 갖췄다 해도 투자해서는 안 된다고 강조한다. 실제로 그는 지역 일간지 버펄로 뉴스The Buffalo News를 인수했을 때 소송과 노사 분쟁 등 연이어 터지는 문제들에 직면했다.

문제는 연이어 발생한다

버핏은 이를 두고 "부엌에 바퀴벌레가 한 마리 있으면, 어딘가에 더 많은 바퀴벌레가 숨어 있다는 증거이다."라고 비유했다. 즉, 문제가 하나 드러났다면, 그 기업은 이미 더 깊은 구조적 문제를 안고 있을 가능성이 크다는 의미다. 그는 눈앞의 이익이나 매력적인 조건에 현혹되지 않고, 기업이 안고 있는 본질적인 문제를 꿰뚫어 보는 것이 중요하다고 강조한다. 난감한 사업에 투자하면 난감한 결정을 연이어 내려야 하는 상황에 놓이게 된다. 결국, 올바른 투자는 '좋은 기업을 고르는 것'에서 시작한다.

매력적인 조건뿐만 아니라 그 기업이 안고 있는 문제에도 주목할 필요가 있다.

08 실적을 이유로 기업 가치를 떨어트려선 안 된다

버핏은 단기적인 이익보다 기업의 장기적인 가치를 중요하게 여긴다.

버핏이 이끄는 버크셔 해서웨이는 신용평가사로부터 '현재 신용등급을 유지하려면 보험료 수입을 늘려야 한다'는 권고를 받은 적이 있다. 다른 기업들은 그 권고를 따랐으나, 버핏은 "불합리한 보험 상품을 늘리면 보여주기식 매출은 증가할 수 있지만, 결국 기업 가치는 떨어진다."라며 경영 방침을 바꾸지 않았다. 단기적인 성과를 위해 무리하게 사업을 확장하면 장기적으로 신뢰를 잃을 위험이 크다고 판단한 것이다.

장기적 성장에 주목하다

어느 날, 버크셔 해서웨이

버핏 씨 현재 등급을 유지하려면 보험료 수입을 늘려야 합니다.

음….

그 권고는 받아들일 수 없습니다.

이런! 경쟁사들은 수용했습니다.

신용평가사

워런 버핏

버핏은 보험료 수입을 늘려야 한다는 신용평가사의 권고를 따르지 않았다.

버핏은 "펜만 있으면 누구나 숫자를 조작해 이익을 만들어낼 수 있다. 하지만 그런 곳에는 사기꾼도 모여든다."라며, 눈앞의 실적보다 기업의 근본적인 경쟁력과 지속 가능한 성장을 우선시해야 한다는 원칙을 지켰다. 실제로 많은 기업이 단기 실적을 부풀리기 위해 무리한 인수합병이나 과도한 비용 절감을 감행하지만, 결국 시간이 지나면서 기업의 근본적인 가치와 신뢰도가 훼손되고 만다. 버핏은 이러한 단기적인 착시 효과에 현혹되지 않고, 기업이 장기적으로 성장할 수 있는 내재적 가치를 최우선으로 고려했다.

투자는 분석력과 사고력이
필요한 기술적 작업이다

버핏은 "투자는 힘을 쓰는 노동이 아니다. 다른 사람보다 배로 더 자료를 읽고 생각해야 한다."라고 말하며, 투자에 필요한 기본자세는 지성과 신중함이라고 강조했다. 이는 벤저민 그레이엄의 철학과 맞닿아 있다. 그레이엄은 "최대 이익을 얻을 수 있는 투자자는 최대한의 지성과 기술을 구사하는 주의 깊은 사람이다."라고 말하며, 투자를 단순한 운이 아니라 치밀한 분석과 논리가 뒷받침된 기술적 활동으로 보았다.

버핏의 투자 원칙에서 상당 부분은 직접 경험을 통해 확립했다. 청년 시절, 할아버지 가게에서 일하며 육체노동은 임금이 적다는 현실을 깨달았고, 주유소를 매입했지만 다른 주유소와의 경쟁에서 밀려 파산하고 말았다. 이러한 경험을 통해 그는 투자에서 중요한 것은 단순한 노력보다도 정확한 판단과 신중한 분석임을 깨닫게 되었다.

이후, 버핏은 투자란 치밀한 분석과 깊은 사고가 요구되는 기술적 작업이라는 확신을 갖고, 철저한 연구와 세심한 검토를 바탕으로 한 투자 방식을 고수했다. 이것이 바로 그가 오늘날까지 성공적인 투자를 이어올 수 있었던 핵심 전략이다.

워런 버핏의 명언

"분산 투자는 무지한 이들의 투자 방법이다."

가치 투자자에게 리스크를 분산하는 투자 방식은 비효율적일 수 있다. 확신 있는 기업에 과감히 투자하는 것이 성공의 비결이다.

"비즈니스에서 가장 위험한 유혹은
'다른 사람도 다 하고 있다'라는 다섯 단어이다."

버핏은 남들의 부정행위에 합류해서는 안 된다고 경고한다. 항상 정직하고 신뢰할 수 있는 기업 이미지를 구축하는 것이 중요하다.

"사업 다각화는 무지를 감추는 하나의 수단이다.
자신이 하는 사업을 깊이 이해하고 있다면,
다각화는 무의미하다."

훌륭한 사업 모델을 운영하고 있다면 다른 사업에 손을 댈 필요가 없다. 버핏은 사업 다각화를 통해 이익을 추구하는 것보다 현재 사업을 성장시키는 것이 더 중요하다고 생각한다.

"바보라도 경영할 수 있는 탁월한 사업 모델을 가진
기업에 투자하라. 어떤 기업이든 언젠가 바보가
경영할 가능성이 있기 때문이다."

버핏은 투자를 결정할 때 사업 모델의 우수성을 우선으로 고려한다. 사업적으로 훌륭한 기업은 경영자의 실책에도 무너지지 않기 때문이다.

6 Chapter

Warren Buffett
Investment Note

정보를 정확하게 분석한다

버핏은 데이터 분석에만 의존하지 않고, 직접 기업을 방문해 파악하려고 노력한다. 그는 눈으로 직접 확인해야만 진정한 가치를 알 수 있다고 믿는다. 투자자에게 있어 정보를 수집하고 이를 정확하게 이해하는 능력은 필수적이다. 이 장에서는 버핏이 오랜 경험을 통해 길러온 정보 분석의 힘과 그 원칙을 살펴본다.

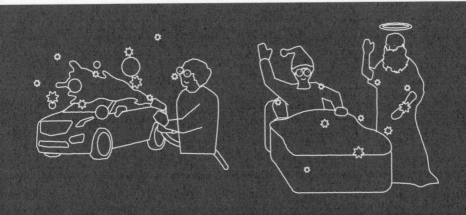

분야를 막론하고 폭넓게 책을 읽는다

버핏은 투자자로서 성공하기 위해서는 광범위한 독서가 필수적이라고 믿었다.

인터넷에 넘쳐나는 정보와 금융업계의 루머처럼 진위가 불확실한 것들에 휘둘리는 일은 흔하다. 하지만 꾸준한 독서를 통해 깊이 있는 사고력과 통찰력을 키워 온 버핏은 그런 단기적인 정보에 쉽게 현혹되지 않는다. 실제로 "투자자로 성공하려면 어떻게 해야 합니까?"라는 질문을 받았을 때, 그의 답은 간단명료했다. "매일 책을 읽으십시오."

생각하는 힘을 키우면 정보에 휘둘리지 않는다

버핏은 10살 때 오마하 도서관에서 '금융'이라는 단어가 들어간 모든 책을 두 번씩 읽었다고 한다. 독서는 그의 습관이 되었고, 대학과 대학원에서도 주식과 투자에 관한 책을 닥치는 대로 탐독했다. 경마를 좋아했던 어린 시절에는 아버지가 빌려준 수백 권의 우승마 예상 책과 몇 달 지난 예상지를 반복해서 읽으며 패턴을 분석하고 예측하는 힘을 길렀다.

재무제표든 경마 예상지든 무조건 읽는다

02 매년 반드시 연간보고서를 확인한다

버핏이 탐독한 것은 책뿐만이 아니다. 그는 50년 넘게 수천 개 기업의
연간보고서를 읽어왔다.

버핏은 기업의 연간보고서를 투자 판단의 핵심 근거로 삼는다. 매년 수천 개의 연간보고서를 읽고, 특히 관심 있는 기업이라면 수십 년 동안 꾸준히 추적한다. 1951년, 버핏은 자기자본의 75%를 보험회사 가이코에 집중 투자했다. 이후 크게 성장하던 가이코는 1970년대에 접어들며 경영 상태가 악화했고 심각한 위기에 처한다. 20년간 가이코의 연간보고서를 분석해 온 버핏은 이번 고비만 넘기면 크게 성공할 수 있다고 판단했고, 급락한 가이코의 주식을 대거 사들였다. 예상대로 가이코는 위기를 극복했고, 이후 버크셔 해서웨이의 핵심 계열사가 되었다.

20년을 기다릴 수 없다면 주식을 사지 말라

연간보고서(Annual Report)는 SEC(미국 증권
거래위원회)에 제출이 의무화되어 있는 서류로
한국의 유가증권보고서와 유사한 개념이다.

미국 대형 철도회사 BNSF의 경우, 버핏은 매년 연간보고서를 분석하면서 오랜 시간 투자 결정을 내리지 않았다. 그리고 40여 년이 지난 후에야 BNSF의 가치를 확신하고, 2010년 마침내 회사를 인수했다. IBM의 경우, 50년 동안 한 번도 거르지 않고 연간보고서를 읽었고 2011년 첫 투자에 나섰지만, 경쟁력 유지가 어렵다고 판단해 결국 지분을 정리했다. 연간보고서를 읽는 것이 항상 성공적인 투자로 이어지는 것은 아니다. 하지만, 버핏은 이를 통해 기업의 흐름을 장기적으로 분석하는 전략을 고수한다. 그의 성공 비결은 한순간의 직감이 아니라, 오랜 기간 축적한 정보와 깊이 있는 분석 덕분이었다.

기업 연간보고서는 수십 년 동안 읽어야 한다

03

타인이 이해할 수 있도록 표현되어 있는가

버핏은 연간보고서를 단순한 재무 자료가 아니라, 기업의 철학과 경영진의 태도를 읽을 수 있는 중요한 문서로 본다.

많은 기업이 복잡한 용어나 어려운 회계적 표현을 사용해 투자자들이 내용을 쉽게 이해하지 못하도록 만든다. 이에 대해 버핏은 "연간보고서의 내용이 이해하기 어렵고, 각주가 지나치게 복잡하다면, 이는 기업이 정보를 숨기려는 의도가 있을 수 있다. 나는 그런 기업에는 투자하지 않는다."라고 말했다.

연간보고서를 통해 기업의 자세를 알 수 있다

버핏은 연간보고서를 작성할 때, '회사의 절반을 소유하고 있지만, 1년 내내 여행을 다니는 누이에게 사업 내용을 설명하는 기분으로 쓴다'고 한다. 이는 비즈니스 전문가가 아닌 사람도 쉽게 이해할 수 있도록 명확하게 표현해야 한다는 그의 원칙을 보여준다. 결국 기업이 투자자들에게 정보를 얼마나 솔직하고 투명하게 제공하는지는 연간보고서를 통해 드러난다. 버핏이 이를 투자 판단의 중요한 기준으로 삼는 이유도 바로 여기에 있다.

연간보고서는 누구나 이해할 수 있어야 한다

04 보이지 않는 자산에 주목하라

아메리칸 익스프레스의 파산설이 퍼지고 투자자들이 등을 돌렸을 때, 버핏은 '보이지 않는 자산'에 주목했다.

1964년, 신용카드 회사 아메리칸 익스프레스(이하 아멕스)의 주가가 급락했다. 자회사가 부실한 재고를 담보로 대출을 실행한 사실이 드러나면서 거액의 손실이 발생했고, 투자자들은 패닉에 빠졌다. 모회사인 아멕스의 신용카드 사업과 직접적인 관련은 없었지만, 시장은 이를 신용 리스크로 간주하며 주식을 대거 매도했다. 그러나 버핏의 판단은 달랐다. 그는 아멕스의 본질적 경쟁력이 훼손되지 않았다고 보았다.

투자는 눈에 보이는 것만이 전부가 아니다

버핏은 뉴욕의 레스토랑과 상점들을 직접 찾아다니며 아멕스 카드가 여전히 정상적으로 사용되고 있는지 관찰했다. 그리고 소비자와 가맹점 모두 아멕스의 신용을 신뢰하고 있음을 확신했다. 그는 숫자로 드러나는 재무제표보다 브랜드 가치와 소비자 신뢰라는 '보이지 않는 자산'에 주목했다. 그리고 아멕스가 장기적으로 강력한 시장 지위를 유지할 것이라 확신하고 과감히 투자했다. 이후 신뢰 회복과 함께 주가는 급등했고, 이는 버핏이 거둔 가장 성공적인 투자 사례 중 하나로 남았다.

우수한 기업과 경영진도 자산 중 하나

버핏, 재무제표를 잘 살펴보게. 그 안에 답이 다 있다네.

재무제표가 전부는 아닐텐데….

그레이엄

버핏의 스승이었던 그레이엄은 유형자산을 중시하는 타입이었다. 버핏에 따르면, "그는 항상 재무제표의 숫자만 보고 있었다."고 한다.

다방면으로 정보를 모아보니, 아멕스는 역시 우수한 기업이야!

05 소액이라도 실제로 투자하라

버핏은 투자자로 성공하기 위해서는 책을 읽는 것만으로는 충분하지 않으며, 직접
투자해 보는 경험이 필수적이라고 강조한다.

어린 시절, 버핏은 『1,000달러를 버는 천 가지 방법 One Thousand Ways to Make $1,000』
이라는 책을 읽다가 '나부터 시작하지 않으면 성공할 수 없다'는 문장에
깊은 인상을 받았다. 이후 6살 때 껌과 콜라를 팔며 작은 사업을 시작했고,
11살에는 생애 첫 주식 투자에 도전했다. 당시 버핏은 어렵게 모은 돈으로
시티즈 서비스 Cities Service 주식 3주를 매입했다.

소액이라도 좋으니 실제 투자를 해보자

그러나 주가는 38달러에서 27달러로 떨어졌고, 불안해진 버핏은 40달러까지 회복하자마자 서둘러 주식을 팔아버렸다. 하지만 이후 주가는 202달러까지 급등했다. 이 경험을 통해 그는 '단기적인 주가 변동에 흔들리지 말 것', '일희일비하지 말 것'이라는 중요한 교훈을 얻었다. 투자에는 지식만큼이나 실전 경험이 중요하며, 직접 몸으로 부딪쳐야 진정한 배움을 얻을 수 있음을 어린 나이에 깨달은 것이다.

실패를 경험하는 것도 중요하다

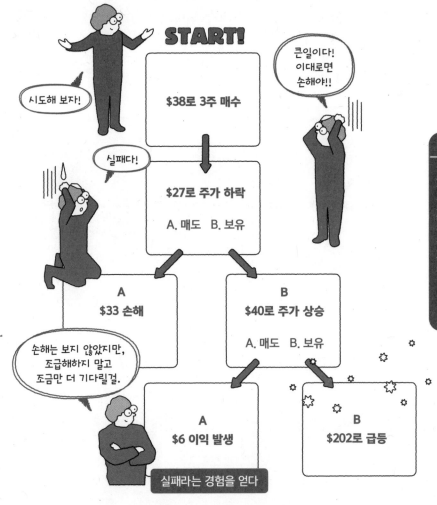

06

기업 가치를 정확히 파악하고 가격과 가치의 차이를 이해하기 위해 버핏은 직접 현장을 찾아다녔다.

눈으로 직접 확인하라

버핏은 열정적인 독서가인 동시에 발로 뛰는 투자자이다. 1966년, 디즈니 주식이 저평가되었다고 판단한 버핏은 뉴욕에서 열린 「메리 포핀스」 상영회에 참석한 후, 곧장 캘리포니아로 날아가서 디즈니 경영진을 만났다. 영화의 완성도와 흥행 가능성을 직접 확인한 결과, 디즈니의 기업 가치가 시장에서 과소평가 되었다는 확신을 얻었고, 400만 달러를 투자하며 대주주가 되었다.

현장에 가서 직접 눈으로 확인한다

버핏은 "기업의 내재 가치를 정확히 산출하는 공식은 없다."라고 말한다. 부동산처럼 장부에 기록된 가치는 비교적 쉽게 파악할 수 있지만, 신용 가치나 브랜드 가치처럼 숫자로 환산하기 어려운 요소들은 직접 발로 뛰며 조사해야 한다. 버핏은 단순한 숫자 분석을 넘어 현장을 방문하고, 사람들의 이야기를 듣고, 자료를 수집하며 기업을 철저히 파헤쳤다. 이것이야말로 투자자가 갖춰야 할 기본 태도라는 것이 그의 철학이다.

기업의 내재가치를 알아내는 방법은 다양하다

07 정보의 홍수에서 한 걸음 물러나라

투자에는 정보가 필요하지만, 버핏은 정보를 많이 안다고 해서 반드시 성공하는 것은 아니라고 보았다.

버핏은 정보의 홍수 속에서 휘둘리기보다 한 걸음 물러서 있는 것이 더 나은 투자 성과를 가져온다고 믿었다. 한 인터뷰에서 그는 "모든 정보를 실시간으로 접할 수 있는 환경보다, 우편물이 3주 늦게 도착하는 시골에서 투자하는 것이 더 낫다."라고 말했다. 정보가 너무 많으면 단기적인 시장 변동에 쉽게 휘둘려 실수를 범할 가능성이 크기 때문이다. 또 그는 "연방 준비제도(Fed) 의장이 앞으로 2년간의 통화정책을 알려준다고 해도 내 투자 전략에는 아무런 영향을 미치지 않을 것이다."라고 단언했다.

정보에 가까이 있다고 무조건 좋은 것이 아니다

버핏이 이렇게 확신할 수 있었던 이유는 간단하다. 그는 '비밀 정보를 입수해 영리하게 이익을 얻기보다, 좋은 기업을 오래 보유해 수익을 내는 것이야말로 진정한 투자'라고 믿었기 때문이다. 결국 중요한 것은 정보의 양이 아니라 기업의 본질을 꿰뚫어 보는 안목이다. 투자하는 기업이 오랫동안 우량기업으로 남을 수 있다는 확신이 있고, 그 가치를 정확히 파악할 수 있다면 경제나 정치 환경이 변하더라도 투자 결정을 흔들 필요가 없다.

기업의 가치를 정확하게 파악하는 것이 중요하다

08

고민하느라 시간을 낭비하지 말라

버핏은 시간을 가장 중요한 자원으로 여겼다. 시간을 어떻게 사용하는지에 따라
삶의 방식과 성과가 달라진다고 강조한다.

어린 시절부터 버핏에게 시간은 귀중한 자산이었다. 그는 수많은 자료를
보며 깊이 사유하면서도 아직 판단할 수 없는 일에 대해 이래저래 고민하
느라 시간을 낭비하지 않았다. 버핏은 "판단하는 데 걸리는 시간은 5분이
면 충분하다. 그렇게 복잡한 일이 아니다."라고 말한다.

빠른 판단으로 시간을 효율적으로 활용한다

미국의 주거 형태는 기본적으로 마당에 잔디가 깔려 있고 잔디 관리는 중요한 일과 중 하나다. 하지만 버핏은 잔디 깎는 시간보다 독서하는 시간이 더 발전적이라고 보았다. 단순한 일을 하며 머리를 비우는 것도 의미가 있겠지만, 성과를 원한다면 시간이 유한하다는 사실을 인식하고 시간의 가치를 제대로 이해하며, 시간을 효율적으로 활용하는 방법을 터득해야 한다. 성공한 사람들은 그 점에서 차이를 보인다.

고민하는 데 많은 시간을 소비하지 않는다

09 성공 사례보다 실패 사례를 보라

버핏은 실패를 두려워하지 않았다. 오히려 그는 '성공보다 실패가 더 가치 있는 경험'이라고 생각했다.

어린 시절, 경마에 베팅하는 것을 좋아했던 버핏은 '한 번만 베팅하고 끝내는 사람은 없다', '승률이 낮으면 베팅하지 않는다'는 경마의 원칙을 깨달았다. 그러나 어느 날, 손해를 만회하려는 고집에 계속해서 베팅했고, 결국 신문 배달 1주일 치 보수에 해당하는 175달러를 잃게 되었다.

버핏이 실제로 경험한 실패 사례

경마의 원칙
· 한 번만 베팅하고 끝내는 사람은 없다.
· 승률이 낮으면 베팅하지 않는다.

이것만 지키면 손해 보진 않겠지.

예상이 빗나갔어.

주급이 다 날아갔어….

딱 한 번만 더!!

한 번만 더!

이 실패는 그가 깨달은 원칙을 지키지 못한 점에서 깊이 반성하게 했고, 이후 평생 원칙을 지키며 살아가게 만든 중요한 전환점이 되었다. 버핏이 "사업은 성공 사례보다 실패 사례에서 얻는 교훈이 더 크다."라고 말한 이유는 바로 자신이 실제로 실패를 통해 얻은 큰 깨달음이 있었기 때문이다.

실패에서 배운 것을 잊지 않는다

나쁜 소식만
최대한 빨리 보고하게 한
버핏의 경영 철학

기업은 신뢰 관계 구축을 가장 중요한 가치로 여겨야 한다. 버핏은 고객과의 신뢰를 신념으로 삼고, 이를 경영에 반영하기 위해 나쁜 소식이 신속하고 정확하게 최고 위층에 전달되어야 한다고 강조했다.

버핏은 산하 기업에 '나쁜 소식은 최대한 빨리 보고하라'는 원칙을 엄격히 요구했다. 그는 일반적인 현황 보고나 직원 성과에 대해선 많은 지시를 하지 않았고, 오직 중요한 문제, 즉 나쁜 소식에만 집중했다. 나쁜 소식이 숨겨지고 좋은 소식만 전달되면 문제에 대한 대응이 늦어지고, 결국 신뢰 관계가 무너질 수 있기 때문이다.

버핏이 살로몬 브라더스의 실적 회복을 위해 데릭 모건을 사장으로 선임한 이유는 그가 '올바른 직업윤리를 가지고 있으며, 회장에게 보고해야 할 문제와 직원 선에서 해결해야 할 문제를 구분할 줄 안다'는 점을 높이 평가했기 때문이다. 버핏은 나쁜 소식을 포함해 중요한 정보를 상부에 정확히 보고할 수 있는 능력과 정직함이 건강한 기업 경영에 필수적이라고 믿었다.

"연간보고서의 각주가 지나치게 복잡하거나
이해하기 어렵다면, 이는 기업이 정보를 숨기려는
의도가 있을 수 있다. 나는 그런 기업에는 투자하지 않는다."

버핏은 이해하기 어려운 보고서를 쓰는 기업에는 투자하지 않는다. 명확하게 표현할 수 있는 경영자야말로 자신이 맡고 있는 기업을 제대로 이해하고 있다는 증거이다.

"기업의 내재 가치를 정확히 산출하는 공식은 없다."

기업의 가치를 주가와 같은 숫자만으로 정의할 수는 없다. 버핏은 숫자에 의존하지 말고, 직접 기업을 방문하여 실제 가치를 평가해야 한다고 강조한다.

"판단하는 데 걸리는 시간은 5분이면 충분하다.
그렇게 복잡한 일이 아니다."

시간은 유한하고 소중한 자원이다. 불확실한 일을 두고 깊이 고민하는 것은 낭비이며, 시간을 효율적으로 사용하는 것이 중요하다.

"사업은 성공 사례보다 실패 사례에서 얻는 교훈이 더 크다."

버핏의 성공은 오직 성공 경험만으로 이루어진 것이 아니다. 실패를 통해 얻은 교훈이 그를 더욱 성장시켰다.

7 Chapter

Warren Buffett
Investment Note

자신의 원칙을 충실히 지킨다

버핏은 주변 상황이나 타인의 의견에 흔들리지 않고 자신의 원칙을 철저히 지킨다. 주력 분야가 부진할 때도 조급해하지 않고 확신이 들 때까지 기다린다. 이런 태도는 투자뿐만 아니라 일상에서도 동일하게 적용된다. 기준을 명확히 설정하고 일관성 있게 지키는 것이야말로 성공으로 향하는 가장 확실한 길이라는 것이 그의 신념이다.

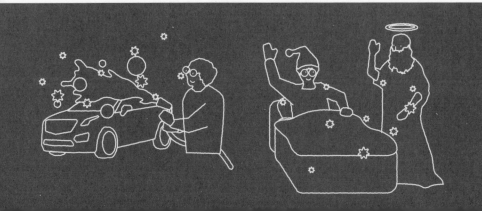

01 능력의 범위를 엄격하게 정하라

사업이나 투자를 할 때 자기 능력의 범위를 정확히 파악하는 것은 성공의 필수 조건이다.

버핏은 "자기 능력의 범위를 파악하는 것이 중요하다."라고 강조하며, 변화무쌍한 투자의 세계에서 성공하기 위한 핵심 원칙으로 삼았다. 여기서 '능력의 범위'란 단순한 관심 분야가 아니라, 마치 자기 주머니 속에 있는 물건을 꿰뚫어 보듯 완전히 이해하고 있는 영역을 뜻한다. 이는 특화된 강점이나 깊이 있는 지식을 갖춘 분야, 즉 전문성을 의미한다. 투자뿐만 아니라 비즈니스에서도 자신이 '어떤 분야에서 경쟁력을 갖추고 있는가?'라는 질문에 확신을 가지고 답할 수 있어야 한다.

자신의 능력 범위의 한계를 파악하자

버핏은 자신이 잘 알고 있는 산업과 기업에 대해서만 가치를 올바르게 평가할 수 있다고 믿었다. 단순히 현재 실적만 보고 평가하거나 성장성만을 따지는 것은 위험하다.

능력의 범위

능력 범위 너머
전문 분야 밖의 산업이나 기업에 대해서는 올바른 판단을 내리기 어렵다. 세간이 떠들썩하다고 해서 함부로 손을 대는 것은 금물이다.

와~
와아!

오~!!

스스로 자신 있는 전문 분야

다방면에 평균적인 것보다는 단 하나라도
확실한 전문 분야를 가질 수 있도록!!

반대로, 정통하지 못한 분야에서 단편적인 지식에 의존해 투자한다면 지속적인 성공을 거두기 어렵다. 시장의 유행이나 단기적인 기회에 흔들려 능력 밖의 영역으로 나아가면, 일시적인 성과는 낼 수 있어도 장기적인 성공을 보장할 수 없다. 버핏은 자신의 강점과 한계를 명확히 인식하고 능력의 범위를 엄격하게 정한 후 절대 그 너머로 나가지 않는 것이 올바른 투자 전략이라고 믿었다. 결국, 자신이 잘하는 분야에서만 싸워야 승리가 보장된다는 것이다.

능력의 범위 너머에는 손을 대지 않는다!

능력 범위 너머는 이해할 수 없는 세상!

투자는 머리가 좋다고 해서 반드시 성공한다는 보장이 없다.
자기 능력의 범위를 정확히 알고 있어야 성공 확률을 높일 수 있다.

02
능력의 범위를 넓히기보다 좋은 기회를 묵묵히 기다린다

성공은 불가능을 가능하게 만드는 것이 아니라, 능력 범위 내에서 최적의 기회를 포착하는 데서 나온다.

버핏은 투자할 기업을 고를 때, 먼저 종이에 원을 그리고 그 안에 자신이 완전히 이해하는 기업들을 적는다. 그리고 투자에 적합하지 않은 기업들을 과감히 원 밖으로 제외한다. 이 과정에서 원 안에 남는 기업이 전혀 없을 수도 있지만, 그렇다고 해서 섣불리 원을 확장하는 것은 어리석은 일이다. 좋은 기회가 올 때까지 능력 범위 내에서 침착하게 대비하는 것이야말로 현명한 투자자의 방식이다.

능력의 범위 내에서 투자처를 고르는 방법

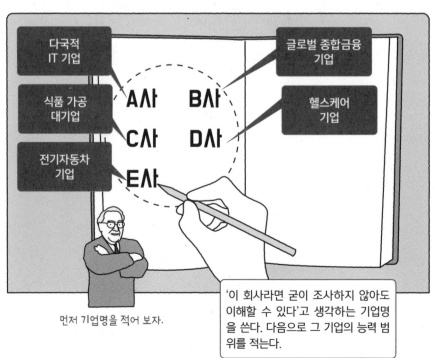

다국적 IT 기업

식품 가공 대기업

전기자동차 기업

글로벌 종합금융 기업

헬스케어 기업

A사   B사
C사   D사
E사

먼저 기업명을 적어 보자.

'이 회사라면 굳이 조사하지 않아도 이해할 수 있다'고 생각하는 기업명을 쓴다. 다음으로 그 기업의 능력 범위를 적는다.

버핏은 자신의 한계를 정확히 파악하고, 그 범위 너머의 분야에는 절대 손대지 않는 원칙을 고수했다. 손자병법에서 '적을 알고 나를 알면 백전백승'이라 했듯이, 동서양을 막론하고 현자들은 자신의 강점과 한계를 아는 것이 승리의 핵심이라고 강조해 왔다. 이는 투자뿐만 아니라 정치, 경영 등 다양한 분야에도 적용되는 가르침이다. 무모한 도전이 아닌, 신중하고 전략적인 선택이야말로 성공을 위한 필수 조건이다.

문제가 있다고 생각되는 기업은 범위 밖으로

· 문제가 있다고 판단한 기업은 원 밖으로 내보낸다.

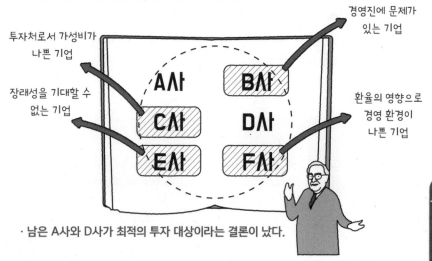

경영진에 문제가 있는 기업

투자처로서 가성비가 나쁜 기업

장래성을 기대할 수 없는 기업

A사   B사
C사   D사
E사   F사

환율의 영향으로 경영 환경이 나쁜 기업

· 남은 A사와 D사가 최적의 투자 대상이라는 결론이 났다.

만약 기업이 하나도 남지 않는다면?

버핏은 '묵묵히 기다리는 것'이 중요하다고 말한다. 또한, 장래성이 없다고 판단해 범위 밖으로 배제한 E사도 저점에 사두면 관련 분야가 주목받을 때 가치가 오를지도 모른다.

능력의 범위 내

한 곳도 남지 않았다.

무리하게 투자하면…

펑!!

능력의 범위에서 벗어나면, 재정 파산에 이를 수도 있다!

03 남의 의견에 휘둘리지 않고 독자적으로 사고한다

손대지 않겠다고 마음먹었더라도 유명세나 상승세를 보면 흔들릴 수 있다. 하지만 외부의 소문에 현혹되어서는 안 된다.

버핏은 한때 IT 기업 투자를 꺼렸다. 단순히 새로운 산업이어서가 아니라, 자기 능력의 범위를 넘어선 영역이라고 판단했기 때문이다. 당시 그의 결정은 시대의 흐름에 역행한다는 비판을 받았다. 그러나 2000년대 닷컴 버블 붕괴 이후, 그는 시장 분위기에 휘둘리지 않고 독자적으로 판단한 투자자로 재평가되었다. 현재는 IT 기업과 기술에 대한 이해가 깊어진 만큼 적극적으로 투자하고 있지만, 이는 단순히 시류를 따른 것이 아니라 충분한 학습과 확신이 쌓인 결과였다.

투자할 때는 자신의 판단을 믿어라

능력의 범위 너머

IT 기업

과학기술 분야에서는 1만 번째도 되지 못한다

버핏은 "1년간 열심히 공부해도 과학기술 분야의 애널리스트로는 뛰어날 수 없다."라고 말하며 애초에 과학기술 분야에는 투자하지 않았다.

과거, 버핏이 아이오와주 그리넬대학교 이사로 재직하던 시절, 초창기 인텔에 대한 투자 승인 여부를 판단해야 했다. 대학교 측은 인텔 투자로 막대한 이익을 거뒀지만, 버핏은 자기 능력의 범위를 벗어난다고 판단해서 참여하지 않았다. 이는 기회를 놓친 경험이 되었지만, 독자적 사고의 중요성과 능력의 범위에 대한 그의 소신은 흔들리지 않았다. 버핏은 "독자적으로 사고하지 않으면 투자에서 성공할 수 없다."라고 단언한다.

결단을 내릴 때는 거울을 봅니다. 요컨대 자기 혼자서 결단을 내린다는 의미죠.

자신의 신념을 굽히지 않는다

내 판단이 옳은지 그른지는 주변 사람들의 찬반과 무관하다. 실제 결과와 판단의 근거가 틀리지 않으면 옳다고 말할 수 있다.

능력의 범위

투자처는 독자적으로 판단할 수 있는 기업을 선택

다른 애널리스트나 증권 중개인의 의견을 듣거나 조언을 구하는 것보다 독자적으로 사고하는 것이 중요하다. 기업의 가치를 정확하게 파악하고 스스로 판단할 수 있어야 투자에 성공할 수 있다.

7

자신의 원칙을 충실히 지킨다

04 중요한 일 외에는 거절하라

빌 게이츠가 버핏에게 배운 중요한 교훈 중 하나는 '불필요한 일에 시간을 빼앗기지 않는 것'이었다.

버핏은 '정말 중요한 일 외에는 거절하라'는 원칙을 강조했다. 마이크로소프트 창업자, 빌 게이츠는 이 조언을 직접 들은 사람 중 한 명이다. 25년 넘게 친분을 유지해 왔지만, 두 사람은 시간 관리에 대한 철학이 달랐다. 빌 게이츠는 1년 중 단 2주만 휴가를 쓰는 반면, 버핏은 50주를 자유롭게 보냈다. 이를 본 빌 게이츠가 버핏에게 조언을 구하자, 버핏은 단호하게 답했다. "불필요한 일에 NO라고 말하라."

중요도가 낮은 것은 'NO'라고 거절하는 것

불필요한 메일 확인 및 회신

시간만 낭비하는 회의

중요도나 긴급성이 떨어지는 출장

빌 게이츠도 실천한다!!

의미 없는 서류 작업

자신을 위해 필요한 시간을 스스로 확보해야 성공의 에너지가 지속된다.

빌 게이츠가 휴가를 원했던 이유는 '생각할 시간'을 확보하기 위해서였다. 하루 종일 업무에 쫓기면 에너지가 소진되어 최적의 판단을 내리기 어렵다. 버핏의 조언을 따르면서 빌 게이츠는 중요하지 않은 회의, 불필요한 이메일, 가야 할 필요가 없는 출장 등을 과감히 줄였다. 더 많은 일을 해내는 것이 아니라, 가장 중요한 일에 집중하는 것이 성공의 핵심이라는 점을 버핏은 누구보다 잘 알고 있었다.

'생각할 시간'을 확보하라

버핏의 방식

회의나 통화에 할애하는 시간을 최대한 단축

스케줄표는 거의 백지

컴퓨터는 게임할 때만 사용

메일 읽지 않음!

생각하는 시간이 1년에 50주!!

1년에 50주라고 하면 11개월 이상이나 된다. 버핏은 그 시간의 대부분을 독서 등 공부에 활용한다. 이처럼 배움을 놓지 않는 자세가 훌륭한 결단의 원동력이 된다.

05 불필요한 일을 하지 않을 용기

불필요한 일에 낭비하지 않으면 가장 중요한 순간에 신속하게 대응할 수 있다.

버핏의 조직 운영 철학은 단순하지만 강력하다. "할 필요 없는 일은 해도 의미가 없다." 이 원칙은 버크셔 해서웨이를 독특한 기업으로 만들었다. 대부분의 기업이 필수적으로 여기는 변호사, 컨설턴트, 인사 및 홍보 부서를 버핏은 불필요하다고 판단해 두지 않았다. 1980년대까지만 해도 그는 조수 한 명만 둘 정도로 조직을 간소하게 운영했다.

조직을 합리적으로 운영한다

불필요한 것은 과감히 없앤다!
버크셔 해서웨이에는 다음의 역할을 하는 직원이 한 명도 없다.

투자에서도 마찬가지다. 버크셔 해서웨이가 성장하면서 버핏은 투자 기
여도가 낮은 거래나 소액 투자를 가급적 피했다. 소액 투자처가 많으면 관
리 비용이 늘어나고, 전체 수익률이 낮아진다고 판단했기 때문이다. 협상
과정에서도 불필요한 흥정에 시간을 쓰기보다 직접 대화해 빠르게 결정을
내렸다. 버핏은 '일을 많이 하는 것'이 아니라, '진짜 해야 할 일만 하는 것'
이 중요하다고 강조한다. 불필요한 일들을 걷어내면 중요한 순간에 신속하
고 정확한 판단을 내릴 수 있기 때문이다.

업무는 단순하고 효율적인 방식으로 진행한다

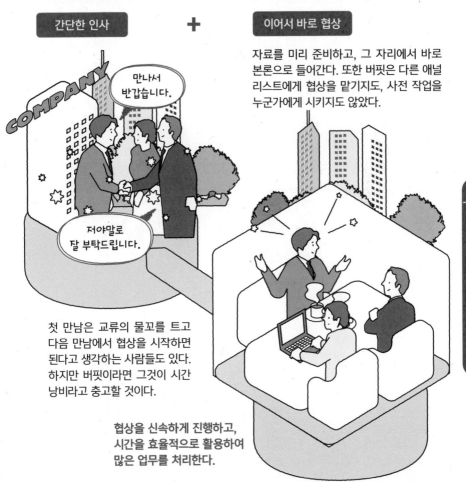

간단한 인사

만나서 반갑습니다.

저야말로 잘 부탁드립니다.

+

이어서 바로 협상

자료를 미리 준비하고, 그 자리에서 바로
본론으로 들어간다. 또한 버핏은 다른 애널
리스트에게 협상을 맡기지도, 사전 작업을
누군가에게 시키지도 않았다.

첫 만남은 교류의 물꼬를 트고
다음 만남에서 협상을 시작하면
된다고 생각하는 사람들도 있다.
하지만 버핏이라면 그것이 시간
낭비라고 충고할 것이다.

협상을 신속하게 진행하고,
시간을 효율적으로 활용하여
많은 업무를 처리한다.

06
훌륭한 아이디어는
일 년에 한 번이면 족하다

결정의 질을 높이면 중요한 순간에 최적의 결정을 내릴 수 있고, 더 큰 이익을
얻을 가능성이 높아진다.

버핏은 투자에 대해 "20개의 구멍만 뚫을 수 있는 펀치 카드를 가지고
투자한다면 더 나은 성과를 이룰 수 있다."라고 말했다. 이는 투자 결정을
내릴 때마다 하나씩 구멍을 뚫는 개념으로, 사소한 사안들은 과감히 넘기고
중요한 결정에 집중하게 된다. 이 방식은 결정의 질을 높이는 전략이기도
하다. 심리학적으로도 결정의 빈도가 높아질수록 정신적 에너지가 소모되
어 판단의 질이 떨어지기 때문에 불필요한 판단을 줄이고 핵심적인 순간에
집중하는 것이 더 효과적이다.

결정의 질을 떨어뜨리는 '결정 피로'란?

사람은 매일 3만 5천 번의 결정을 내린다고 한다. 약 2초에 한 번씩 결정을 내리는 셈이다.

음~

뭘 입을까?

자전거로 갈까?

점심은 뭘 먹을까?

차로 갈까?

**사소한 결정에도
에너지를 쓴다**

하나를 얻기 위해
다른 하나를 포기해
야 하는 결정의 경
우, 정신적 소모로
인한 심리적 부담이
생기고 '결정 피로'
에 빠지게 된다.

저녁은 뭘 먹지?

어떤 음악을 들을까?

메일 회신을
뭐라고 할까?

…등등

버핏은 "모든 투자 기회에서 최적의 결정을 내리는 것은 현실적으로 어렵다"고 밝히며, 확신이 드는 소수의 기회에만 집중하는 전략을 택했다. 작은 수익을 위해 자원을 분산하기보다는, 신중한 선택을 통해 확신이 선 순간에만 결단을 내리는 것이 장기적으로 더 큰 성공을 가져온다고 믿었기 때문이다. 그래서 그는 1년에 단 한 번 훌륭한 투자 아이디어가 떠오를 때만 움직이는 간결하고 실용적인 접근법을 유지해 왔다.

대책으로 결정의 질을 떨어뜨리지 않는 원칙을 정해둔다

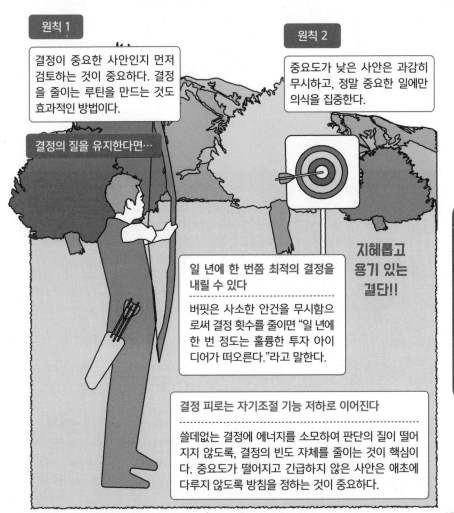

원칙 1

결정이 중요한 사안인지 먼저 검토하는 것이 중요하다. 결정을 줄이는 루틴을 만드는 것도 효과적인 방법이다.

원칙 2

중요도가 낮은 사안은 과감히 무시하고, 정말 중요한 일에만 의식을 집중한다.

결정의 질을 유지한다면…

지혜롭고 용기 있는 결단!!

일 년에 한 번쯤 최적의 결정을 내릴 수 있다

버핏은 사소한 안건을 무시함으로써 결정 횟수를 줄이면 "일 년에 한 번 정도는 훌륭한 투자 아이디어가 떠오른다."라고 말한다.

결정 피로는 자기조절 기능 저하로 이어진다

쓸데없는 결정에 에너지를 소모하여 판단의 질이 떨어지지 않도록, 결정의 빈도 자체를 줄이는 것이 핵심이다. 중요도가 떨어지고 긴급하지 않은 사안은 애초에 다루지 않도록 방침을 정하는 것이 중요하다.

07 올바른 생각과 행동을 습관화한다

버핏은 벤저민 프랭클린의 '13가지 덕목'에서 영감을 받아 올바른 행동을 습관화했다.

미국 건국의 아버지 중 한 명이자 100달러 지폐에 얼굴이 새겨진 벤저민 프랭클린. 그는 독립선언서 기초 작성에 참여한 정치인이자 문필가, 과학자, 발명가였다. 또한, 나쁜 성향과 습관을 극복하고 도덕적으로 바른 삶을 살기 위해 '13가지 덕목'을 정하고 실천한 인물로도 유명하다. 이 원칙은 버핏에게도 깊은 영향을 미쳤다. 그는 올바른 사고와 행실을 습관화하며, 언행을 절제하는 삶을 추구한다.

벤저민 프랭클린의 '13가지 덕목'

절제 / 침묵 / 규율 / 결단 / 겸손 / 절약 / 순결 / 근면 / 평정 / 청결 / 중용 / 정의 / 성실 / 미국 건국에 공헌

버핏이 성공한 후에도 대중의 존경을 받은 이유로
올바른 습관과 인품이 한몫했을 것이다.

투자의 세계는 유동적이며 예측할 수 없는 변수로 가득하다. 때로는 습관이 역효과를 불러오기도 하지만, 버핏은 자신의 원칙을 일관성 있게 유지하며 투자에 대한 태도를 확고히 했다. 그는 어릴 때부터 형성된 좋은 습관이 평생 재산보다 더 큰 가치를 지닌다고 믿었다. 순간적인 기회에 흔들리지 않고 신중하고 절제된 태도를 유지하는 것이 올바른 성공의 길임을 스스로 증명해 보였다.

일찍이 몸에 익히고 습관화하기

사람은 습관으로 행동하는 경향이 있다. 어릴 때부터 올바른 생각과 행동을 익혀두면 다양한 상황에서 도움이 된다.

어린 시절 배운 올바른 습관은 평생 든든한 자산이 된다!

08 똑같은 음식을 반복해서 먹는다

의미 있는 반복에는 고집과 가치관이 반영된다. 자신이 잘 아는 분야에 집중하는 태도는 그의 투자 철학으로도 이어진다.

버핏은 식습관에서도 자신만의 원칙을 철저히 지킨다. 본인도 "나는 6살처럼 먹는다."라고 인정할 정도로 콜라, 패스트푸드, 가공육을 고집한다. 심지어 "아침으로 햄샌드위치만 50일 먹으라 해도 먹을 수 있다."라고 말할 정도로 특정 음식을 반복해서 먹는 것을 즐긴다. 단순한 식습관처럼 보이지만, 이는 그의 투자 철학과도 맞닿아 있다. 자신이 이해하고 신뢰하는 것에 집중하는 태도는 단순히 습관이 아니라 그의 투자 방식과 생활 전반에 일관되게 적용되는 원칙이다.

6살 아이 같은 입맛

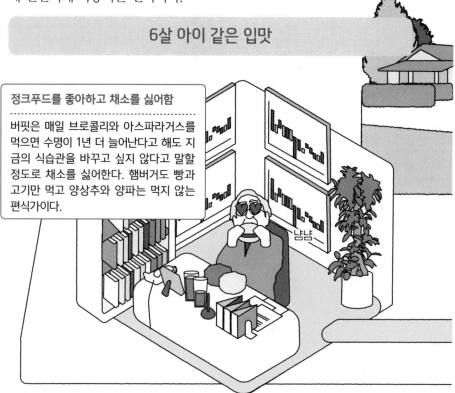

정크푸드를 좋아하고 채소를 싫어함

버핏은 매일 브로콜리와 아스파라거스를 먹으면 수명이 1년 더 늘어난다고 해도 지금의 식습관을 바꾸고 싶지 않다고 말할 정도로 채소를 싫어한다. 햄버거도 빵과 고기만 먹고 양상추와 양파는 먹지 않는 편식가이다.

버핏이 패스트푸드와 탄산음료를 즐기는 이유 중 하나는 서민적인 감각을 유지하려는 그의 가치관과도 관련이 있다. 그는 불필요한 낭비를 절대 용납하지 않으며 월스트리트 금융인들의 사치스러운 행태에 강한 반감을 보였다. 그래서 월가에서 점심을 먹을 때도 고급 레스토랑 대신 햄샌드위치와 탄산음료를 고집했다.

서민적인 음식을 좋아한다

매일 다섯 캔의 콜라를 마시고, 햄버거와 감자튀김을 좋아하며, 식후에 아이스크림을 먹고 간식으로 사탕과 초콜릿을 즐겨 먹는 버핏의 식습관은 미국 서민층의 모습과 닮았다.

워런 버핏과의 점심

버핏과의 점심 경매에 낙찰된 사람은 뉴욕의 스테이크 하우스에서 만남을 가질 수 있다. 경매 낙찰금은 빈민 지원 단체에 기부된다.

자신이 좋아하고 익숙한 것을 반복해서 먹는 습관은 자신의 원칙과 신념을 철저히 지키는 태도와 일맥상통한다고 볼 수 있다.

09 버는 돈보다 적게 쓰는 것이 철칙이다

투자의 귀재인 버핏은 돈을 소비하는 것에서 부의 의미를 찾지 않고, 검소하고 견실하게 회사를 경영하고 있다.

버핏은 식생활뿐만 아니라 일상에서도 근검절약을 원칙으로 삼고 살아 왔다. 그는 '버는 돈보다 적게 써야 한다'는 신념을 확고히 가지고 있으며, 이는 대대로 이어져 온 버핏 가문의 전통이다. 투자 역시 결국 돈을 쓰는 행위지만, 복리로 운용하면 시간이 흐를수록 큰 수익을 창출할 수 있다. 반면 단순한 소비는 아무런 가치를 남기지 않는다.

집을 사고 '버핏의 어리석음'이라는 별명이 생기다

1958년 당시 오마하의 자택을 3만 1,500달러(현재 약 25만 달러)에 구입했다. 그가 이를 '어리석음'이라고 표현한 이유는 100만 달러를 지불하는 듯한 압박 감을 느꼈기 때문이다.

절약은 버핏에게 있어 몸에 밴 습관이다.

이러한 사고방식은 버크셔 해서웨이의 운영에서도 드러난다. 버크셔 해서웨이의 경비는 동종업계 평균의 250분의 1 수준으로 알려져 있으며, 이는 버핏이 회사 경영에서도 낭비를 철저히 배제하고 있다는 사실을 보여준다. 그는 기업들이 비용 절감을 목표로 삼는 것을 보고 "비용 절감은 일부러 하는 것이 아니라 애초부터 기업 경영의 기본 원칙이어야 한다."라고 말한다. 기업 성장에 기여하는 지출 관리 방법은 단순한 절약이 아니라, 불필요한 지출을 원천적으로 배제하는 것이다.

근검절약을 생활신조로 삼다

이발비를 복리로 운용하면?

18달러 정도의 이발비를 30년간 복리로 운용하면 대략 30만 달러가 된다고 계산했다.

iPhone은 통화 기능만 사용

스마트폰으로 바꾸고 나서도 앱은 거의 사용하지 않고, 그저 전화 통화용으로만 사용한다.

사옥 이전 중단

호화스러운 건물로의 이전은 회사에 악영향을 끼칠 수 있다 판단하여 보류했다.

드디어!!

중지!

파격!

FOR SALE

피처폰

iPhone-11

기업 경영에서도 근검절약은 당연히 실천해야 하는 신조이며
버핏 스스로 모범이 되고 있다.

7
자신의 원칙을 충실히 지킨다

성공의 비결은
흐트러지지 않는 집중력에 있다

워런 버핏이 지금의 성공을 거둘 수 있었던 결정적인 이유는 탁월한 집중력에 있다. 그는 투자에 있어 철저한 선별 과정을 거쳐 소수의 기업에 집중하는 전략을 고수해 왔다. 단기적인 변동에 흔들리지 않고 장기적인 이익을 겨냥하는 그의 방식은 결국 탁월한 집중력에서 비롯된 것이다.

버핏은 경고한다. "기업의 초점이 흐트러지는 것이 가장 두려운 일이다. 자만심이나 피로감에 경영자의 관심이 분산되면서 본업을 소홀히 하는 사례는 무수히 많다."

그는 훌륭한 사업 모델을 가지고 있는 기업들이 무분별하게 사업을 다각화하는 것에 대해 회의적인 입장을 보였다. 잘 모르는 분야로의 확장이 필연적으로 본업에 집중할 수 있는 자원을 분산시키기 때문이다. 실제로 많은 기업이 핵심 역량과 정체성을 잃고 만 경우가 적지 않다.

이러한 원칙은 버핏뿐만 아니라 빌 게이츠와 같은 뛰어난 사업가들의 행보에서도 확인된다. 그들은 한 가지 분야를 깊이 파고들어 그 누구보다 정통한 전문가가 되었고, 그 과정에서 압도적인 성과를 거두었다. 집중력은 곧 성공의 원동력이다.

Chapter 7

워런 버핏의 명언

"자기 능력의 범위를 파악하는 것이 중요하다."

장기적인 성공을 위해서는 자신의 강점과 한계를 파악해야 한다. 자신이 잘 아는 영역에 집중하는 투자가 수익으로 이어진다는 의미이다. 자신이 무엇을 잘하는지 명확히 아는 것이 중요하다.

"독자적으로 사고하지 않으면 투자에서 성공할 수 없다."

주변 의견에 휩쓸리다 보면 결국 실패할 수밖에 없다. 외부 소문이나 압력에도 흔들리지 않고 자신의 신념을 고수하는 태도가 성공으로 이어진다.

"정말 중요한 일 외에는 거절하라."

버핏은 일의 우선순위를 철저히 구분하며, 중요하지 않은 일은 과감히 거절하고 의식적으로 자유 시간을 확보한다. 바쁜 일정을 소화하는 중에도 냉철하게 사고할 수 있는 시간이 있어야 현명한 결정을 내릴 수 있기 때문이다.

"20개의 구멍만 뚫을 수 있는 펀치 카드를 가지고 투자한다면 더 나은 성과를 이룰 수 있다."

버핏은 인생을 펀치 카드에 비유하며, 인생에서 큰 결정을 내릴 수 있는 횟수가 제한적이므로 이익을 얻고자 한다면 중요한 사안을 신중하게 선택해야 한다고 강조했다.

Chapter

8

♥

Warren Buffett
Investment Note

돈보다 중요한 것들

투자로 막대한 자산을 축적한 버핏은 인생의 행복도는 자산의 액수가 아니라 주변 사람들로부터 얼마나 많은 사랑을 받는지에 따라 결정된다고 생각한다. 즉, 그에게 있어 인생의 성공이란, 소중한 사람에게 사랑받는 것을 의미한다. 이 장에서는 항상 사람과의 관계를 중요하게 여겼던 버핏의 생각을 소개한다.

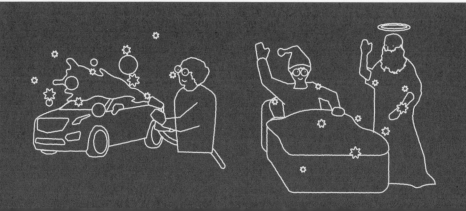

01 좋아하는 일을 탁월하게 잘한다

버핏은 주식 투자를 통해 세계적인 부를 이뤘지만 그의 목표는 돈 자체가
아니었다. 자신이 진정으로 좋아하는 일을 꾸준히 해온 결과, 부를 얻게 된 것이다.

버핏은 돈과 일의 관계에 대해 이렇게 말한다. "자신이 좋아하는 일을 탁
월하게 잘하는 것이 중요하다. 돈은 그 부산물에 불과하다." 그는 야구 선
수 테드 윌리엄스를 예로 든다. "1941년 타율 4할을 기록한 테드 윌리엄스
는 단순히 연봉이 높은 것만으로 만족하지 못했을 것이다. 하지만 4할 타
율을 달성한다면 최저 연봉을 받더라도 기뻐했을 것이다."

일은 돈을 벌기 위해서만 하는 것이 아니다

버핏은 "단순히 돈을 벌기 위해서만 일하고 싶은가? 매일 아침 출근할 때 설렘을 느끼고 싶은가?"라고 묻는다. 그는 주식 투자를 통해 엄청난 부를 쌓았지만, 본질적으로 투자 자체를 사랑했고, 그 과정에서 뛰어난 역량을 발휘했다. 버핏이 강조하는 것은 단순하다. 자신이 진정으로 좋아하는 일을 탁월하게 해낸다면 돈은 그에 따른 자연스러운 결과일 뿐이다.

좋아하는 일을 탁월하게 해내어 대부호가 되었다

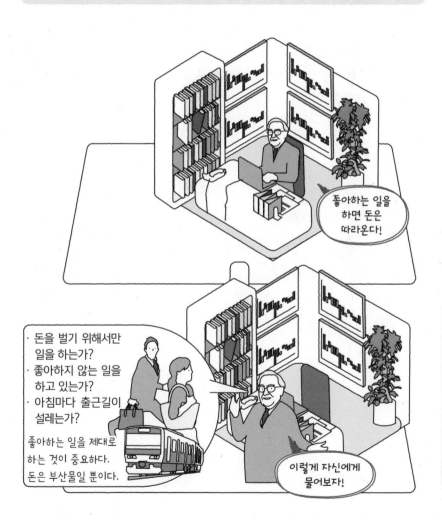

02

큰 성공이란
더 많이 사랑받는 것이다

버핏은 인생의 성공이란 부나 명성이 아니라 얼마나 많은 사랑을 받았는가에 달려 있다고 말한다. 나를 사랑해 주는 사람이 없다면 인생은 공허할 수밖에 없다.

세계 최고의 자산가 중 한 명인 버핏은 많은 존경을 받고 있지만, 이렇게 말한다. "나는 돈을 얼마나 벌었느냐로 내 인생을 평가할 생각이 없다. 어떤 사람들은 그렇게 할 수도 있겠지만, 나는 절대 그러지 않을 것이다." 그가 생각하는 '큰 성공'의 기준은 재산의 규모가 아니라, 주변 사람들이 나를 얼마나 진심으로 아끼고 사랑하는지에 따라 결정된다는 것이다.

인생의 큰 성공이란?

버핏에 따르면, 나이가 들었을 때 가족이나 동료들로부터 진심 어린 사랑을 받는 사람들은 하나같이 "내 인생은 성공적이었다."라고 이야기한다. 반면, 아무리 큰 부자라도 자신의 존재가 잊힌다면 "인생에서 이룬 모든 것이 헛되구나."라며 한탄한다고 한다. 결국 경제적 형편과 관계없이 주위 사람들의 사랑을 받으며 사는 것이야말로 진정한 성공이라는 것이 버핏의 철학이다.

주변 사람들로부터 사랑받고 있다면 성공한 인생이다

03 매일 1시간은 자신을 위해 일하라

자신을 가장 중요한 고객으로 여기고, 하루 1시간은 온전히 자신의 성장에 투자해야 한다. 끊임없이 가능성을 넓혀가는 것이야말로 진정한 자기 투자다.

버핏이 경제적 성공을 목표로 삼았던 이유는 타인의 지시를 받지 않고 온전히 자신의 방식대로 삶을 살아가기 위해서였다. 그의 오랜 친구이자 동업자인 찰리 멍거 역시 비슷한 길을 걸었다. 성공한 변호사였던 멍거는 경제적 독립을 이루고 가족을 부양하기 위해 투자업에 뛰어들었다. 그는 스스로에게 "가장 중요한 고객은 누구인가?"라는 질문을 던졌고, 답은 명확했다. '바로 나 자신'이었다.

자신을 위해 매일 1시간씩 투자하라

찰스 토머스 멍거

172

멍거는 매일 1시간씩은 자신의 성장을 위해 일하기로 결심했다. 그는 변호사 업무를 이어가면서도 부동산 개발과 투자에 집중했고, 결국 이러한 노력이 버핏과의 인연으로 이어졌다. 버핏은 멍거의 태도를 높이 평가하며 이렇게 말했다. "누구나 자신을 가장 중요한 고객으로 삼아야 한다. 먼저 자신을 위해 투자하고, 그다음에 다른 사람을 위해 일해야 한다. 하루 1시간은 반드시 자신을 위해 써라."

자기 투자가 자신의 가능성을 넓힌다

173

04

이익을 위해 타인을 희생양으로 삼지 않는다

버핏은 누군가를 희생시키면서까지 돈을 버는 것을 절대 원하지 않았다. 성과는 중요하지만, 그것이 절대적인 목표가 되어서는 안 된다고 믿는다.

한때 버핏은 투자은행 살로먼 브라더스 Salomon Brothers 의 주요 투자자로 나섰지만, 회사는 지속적인 문제를 겪으며 주가가 하락했다. 그 이유 중 하나가 과도한 임직원 보수였다. 버핏은 보수 체계를 조정해야 한다고 주장했으나, 일부 직원들은 이에 반발하며 "돈을 좋아하는 부자가 어째서 우리를 탐욕스럽다고 비난하는가?"라고 맞섰다. 그러나 이는 오해였다. 버핏은 일시적인 비용 절감 효과가 아닌 조직의 지속 가능성을 고려한 조처를 한 것일 뿐, 애초에 누군가의 희생을 담보로 한 이익을 절대 원하지 않았다.

돈을 벌기 위해 누군가를 희생시키지 않는다

버핏은 이렇게 말한다. "매출이나 이익을 조금 더 늘리기 위해 친한 동료나 존경하는 사람들과의 관계를 희생한다면, 그렇게 얻은 부에 무슨 의미가 있겠는가?" 그는 탁월한 성과를 추구하지만, 그것이 인간관계나 신뢰보다 우선시되어서는 안 된다고 믿는다.

실적을 최우선 목표로 삼지 않는다

05 인생에서 최우선에 두어야 할 일은 육아다

육아는 인생에서 가장 중요한 일이다. 하지만 자녀의 응석을 받아주고 물질적으로 부족함 없이 키우는 것이 훌륭한 육아는 아니다.

버핏은 자녀 양육에 있어 아내 수잔을 전적으로 신뢰했다. 동시에 부잣집 응석받이가 되지 않도록 주의를 기울였다. 근검절약을 중요한 가치로 여긴 그는 젊은 시절 구입한 오마하의 집에서 지금까지 거주하며, 자녀들에게도 용돈을 많이 주지 않았다. 그래서 그의 자녀들은 어릴 때 아버지가 세계적인 부자인 줄 몰랐다고 한다.

육아는 인생에서 가장 중요한 일이다

버핏은 자녀들에게 막대한 재산을 상속하는 대신, 대부분의 자산을 자선 단체에 기부하기로 했다. 실제로 자녀들이 물려받은 재산은 극히 일부에 불과하다. 그는 이렇게 말한다. "인생에서 가장 중요한 일은 아이를 키우는 것이다." 버핏은 육아란 애정을 바탕으로 자녀를 돌보는 일이지만 절대적인 정답이 없기에 더 보람 있는 일이라고 강조한다.

부잣집 응석받이로 키우지 않는다

06

가장 흥미로운 장은 앞으로 펼쳐질 것이다

버핏은 과거를 정리하는 자서전을 쓰지 않는 이유에 대해 이렇게 말한다. "앞으로 더 흥미로운 일들이 펼쳐질 거라고 믿기 때문이다."

버핏은 여러 차례 자서전을 집필할 계획이 없다고 밝혀왔다. 실제로도 버핏이 직접 쓴 자서전은 존재하지 않는다. 그의 삶을 다룬 전기 『스노볼 The Snowball: Warren Buffett and the Business of Life』이 베스트셀러가 되었지만, 이 역시 협력만 했을 뿐 본인이 직접 쓴 책은 아니다. 그는 자서전을 내지 않는 이유에 대해, 앞으로 더 재미있는 일을 하게 될 수 있기 때문이라고 설명했다.

버핏은 자서전을 쓰지 않았다

출판사의 자서전 출간 제안을 거절하며 보낸 편지에 그는 이렇게 썼다. "만약 그 책이 전기와 같은 내용이라면, 나는 조금 더 기다려야 한다고 생각합니다. 나는 근본적으로 낙천주의자이기 때문에, 가장 흥미로운 장은 앞으로 펼쳐지리라 믿습니다." 버핏에게 인생은 회고하는 것이 아니라, 새로운 가능성을 향해 나아가는 과정이다.

버핏이 자서전을 내지 않는 이유

07 먼저 사랑받는 사람이 되어야 한다

돈은 행복의 조건이 될 수 없다. 인생의 성공은 얼마나 많은 사람에게 진심으로
사랑받고 있느냐로 결정된다.

성공의 척도는 부, 명예, 건강, 행복감 등 사람마다 기준이 다르다. 다만,
버핏은 부의 축적이 곧 성공을 의미하지는 않는다고 말한다. "내 나이쯤
되면, 사랑받고 싶은 사람들로부터 실제로 사랑받고 있느냐가 인생의 성공
을 가늠하는 척도가 된다."라고 강조한다.

인생에서 성공의 척도는?

돈이 있으면 많은 것을 가질 수 있지만, 단 하나 돈으로 살 수 없는 것이 있다. 바로 '사랑'이다. 아무리 막대한 부를 쌓아도 진심으로 사랑받지 못한다면, 그 삶은 성공했다고 볼 수 없다. 버핏은 이렇게 말한다. "사랑받고 싶다면 먼저 사랑받을 만한 사람이 되어야 한다. 사랑은 줄수록 더 많이 돌아오는 법이기 때문이다."

사랑은 돈으로 살 수 없다

아무리 돈이 많아도 사랑은 살 수 없는 법이야.

사랑?

돈이 많아도 타인에게 사랑받지 못하면 실패한 인생이다.

08

어떻게 행동하느냐가 타인의 본보기가 된다

다른 사람에게 좋은 영향을 미치는 삶을 산다면, 그것이 곧 세상을 바꾸는 길이 된다.

인간은 사회적 존재로서 타인과 관계를 맺으며 살아간다. 그리고 우리는 주변 사람들의 태도와 행동에 영향을 받는다. 자신보다 나은 점을 가진 사람들과 어울리면 자연스럽게 성장할 기회를 얻을 수 있다. 마찬가지로 스스로 모범적인 삶을 살아간다면 주변 사람들에게 긍정적인 영향을 미칠 수 있다.

가까운 사람들에게 본보기가 된다

버핏은 위대한 기업을 창업하거나 혁신적인 업적을 이루지 않아도, 누구나 세상을 변화시킬 수 있다고 믿는다. 자신의 삶을 견고하게 구축하고, 그 과정에서 주변 사람들에게 본보기가 될 수 있다면 그것만으로도 충분히 의미 있는 변화의 물꼬가 된다. 그리고 그런 사람들이 많아질수록 사회 전체가 더 나은 방향으로 나아갈 것이다. 이것이 바로 버핏이 젊은이들에게 강조하는 삶의 태도다.

평범한 사람도 세상을 바꿀 수 있다

운이 좋은 1%는
나머지 99%를 생각할 의무가 있다

워런 버핏은 투자자로서뿐만 아니라 세계적인 자선가로서도 깊은 발자취를 남겼다. 그는 난민 지원, 재난 구호, 교육, 환경 지속 가능성 등 여러 분야에서 적극적으로 활동하며 더 나은 세상을 만드는 데 자신의 부와 영향력을 활용해 왔다.

버핏은 자신의 성장 과정을 돌아보며 이렇게 말한다. "나는 좋은 시대와 환경에서 태어났다." 그는 교육에 헌신적인 부모 밑에서 자랐으며, 무엇보다 좋아하는 일을 하며 성공할 수 있었던 삶에 깊은 감사를 느낀다.

2011년, 미국 월스트리트에서는 '상위 1%만 부유하고 나머지 99%는 경제적 어려움을 겪고 있다'며 경제적 불평등을 호소하는 대규모 시위가 일어났다. 이는 버핏이 신념으로 삼고 있는 '아메리칸드림'과 충돌하는 부분이었다. 이에 대해 그는 단호하게 말했다. "행운을 누린 1%의 사람들은 나머지 99%를 생각할 의무가 있다."

버핏은 평생 투자를 통해 막대한 부를 축적했으나, 그 과정에서 자신의 이익만을 추구한 것이 아니라 더 많은 사람이 더 나은 삶을 살 수 있도록 기여하는 것을 중요하게 여겼다. 그의 가치관을 보면, 단순한 투자 성공을 넘어 더욱 의미 있는 삶을 추구해 온 것이 분명하다.

워런 버핏의 명언

"자신이 좋아하는 일을 탁월하게 잘하는 것이 중요하다.
돈은 그 부산물에 불과하다."

버핏은 돈을 버는 것을 목표로 삼은 투자자가 아니다. 그는 자신이 좋아하는 일을 추구한 결과로 돈이 자연스럽게 따라왔다.

"누구나 자신을 가장 중요한 고객으로 삼아야 한다.
먼저 자신을 위해 투자하고, 그다음에 다른 사람을 위해
일해야 한다. 하루 1시간은 반드시 자신을 위해 써라."

버핏은 시간의 소중함을 강조하며, 자기 자신에게 먼저 투자해야 한다고 말한다. 그렇게 해야만 자신의 가능성을 확장할 수 있기 때문이다.

"나는 근본적으로 낙천주의자이기 때문에
가장 흥미로운 장은 앞으로 펼쳐지리라 믿습니다."

버핏은 자서전을 쓰지 않는 이유를 묻자, 미래에 펼쳐질 더 흥미롭고 멋진 일들에 대한 기대감을 밝혔다. 그는 과거보다는 현재와 미래에 더 큰 가능성을 두고 있기 때문이다.

"사랑받고 싶다면 먼저 사랑받을 만한 사람이 되어야 한다.
사랑은 줄수록 더 많이 돌아오는 법이기 때문이다."

버핏은 인생의 성공을 물질적인 부나 명예가 아니라, 주변 사람들로부터 받는 사랑을 기준으로 삼는다. 그는 사랑을 주고 배려하는 과정에서 자연스럽게 그 사랑이 돌아온다고 믿는다.

워런 버핏 연표

연도	나이	주요 업적
1930년	0세	8월 30일, 미국 네브래스카주 오마하에서 아버지 하워드와 어머니 레일라 사이에서 태어나다.
1931년	1세	아버지 하워드, 증권사를 설립하다.
1936년	6세	사업을 시작하다. 코카콜라를 팔아 차익을 남기다.
1941년	11세	누나와 함께 첫 주식 투자를 하다. 시티즈 서비스 주식을 1주당 38달러에 사서 40달러에 팔다.
1942년	12세	아버지 하워드가 하원의원에 당선되다. 가족과 함께 워싱턴 D. C.로 이주.
1943년	13세	「워싱턴 포스트」와 「타임스」, 「헤럴드」 신문 배달을 하다.
1944년	14세	1,200달러에 농지 취득. 농장 경영을 경험하다.
1946년	16세	친구와 함께 핀볼 테이블 설치 사업을 시작해 성공하다.
1947년	17세	펜실베이니아대학교 와튼스쿨에 입학하다.
1948년	18세	동 대학교 중퇴.
1949년	19세	네브래스카대학교 오마하 캠퍼스에 편입. 벤저민 그레이엄 『현명한 투자자』에 감명 받아 투자 지침으로 삼다.
1950년	20세	뉴욕주 컬럼비아대학교 대학원에 진학. 벤저민 그레이엄의 지도를 받다.
1951년	21세	동 대학교 대학원 수료. 오마하로 돌아와 아버지의 증권회사에서 중개인으로 일하다. 보험회사 가이코 주식을 1만 달러에 매수하다.
1952년	22세	네브래스카대학교 야간 수업에서 투자 원리를 강의하다. 수잔 톰슨과 결혼.
1954년	24세	자산운용사 그레이엄 뉴먼에 증권 애널리스트로 입사하다.
1956년	26세	회사 해산 후 오마하로 돌아간다. 추정 자산이 14만 달러가 된다. 첫 번째 파트너십 '버핏 사'를 설립하다.
1957년	27세	총 5개의 파트너십을 운영하다. 오마하 교외에 집을 구입하다.
1959년	29세	찰리 멍거를 만나 공감대를 형성하다.
1962년	32세	여러 파트너십을 '버핏 파트너십'으로 통합하다. 버크셔 해서웨이 주식을 매수하기 시작하다.
1964년	34세	아메리칸 익스프레스 주식을 매수하다.
1965년	35세	버크셔 해서웨이의 경영권을 인수하고 회장으로 취임하다. 월트 디즈니 주식을 매수하다.

연도	나이	주요 업적
1966년	36세	백화점 혹스차일드 콘을 인수하다. 자산이 440만 달러가 되다.
1969년	39세	버핏 파트너십을 해산한다. 버크셔 해서웨이 경영에 전념하다.
1970년	40세	연간보고서에 첨부하는 「주주 서한」 발행을 시작하다.
1973년	43세	워싱턴 포스트에 투자하다.
1974년	44세	워싱턴 포스트의 이사로 취임하다.
1975년	45세	버크셔 해서웨이의 부회장으로 찰리 멍거를 임명하다.
1977년	47세	아내 수잔과 별거하다.
1979년	49세	부자 순위 잡지 「포브스 400」에 처음으로 이름을 올리다. 자산이 6억 2천만 달러가 되다.
1983년	53세	네브래스카 가구 마트를 인수하다.
1985년	55세	버크셔 해서웨이 섬유 부문을 폐쇄하고 투자 회사로 재건하다.
1986년	56세	「포브스 400」에 처음으로 10위권에 진입하다. 자산이 14억 달러가 되다.
1987년	57세	살로몬 브라더스의 청탁을 받아 투자하고 임시회장으로 취임하다.
1988년	58세	코카콜라 주식을 매수하기 시작하다.
1996년	66세	가이코를 인수하다.
1998년	68세	인터내셔널 데어리 퀸을 인수하다.
2000년	70세	버핏과의 점심 식사권 경매 행사를 시작하다.
2003년	73세	클레이튼 홈스를 인수하다. 자산이 429억 달러가 되다.
2004년	74세	아내 수잔이 암으로 사망하다.
2006년	76세	자산의 85%를 다수의 자선단체에 기부한다고 발표하다. 아스트리드 멘크스와 재혼하다.
2008년	78세	「포브스 400」 부자 순위 1위에 오르다. 자산이 6200억 달러가 된다.
2010년	80세	빌 게이츠와 함께 자선 활동을 시작한다.
2011년	81세	부유층의 자본 소득에 적용되는 부자증세 방안 '버핏 룰'을 제안하다. 동일본 대지진 이후 첫 방일, 후쿠시마현 공장을 방문하다.
2012년	82세	전립선암에 걸렸다고 발표하다. 자신의 후계자를 특정했다고 발표하다.
2020년	90세	코로나 쇼크에 영향을 받아 항공주를 매각하다. 일본 5대 주요 상사 미쓰비시 상사, 미쓰이 물산, 스미토모 상사, 이토추 상사, 마루베니 상사에 투자하다.

본질을 꿰뚫어 보는 것이
버핏의 정수

수많은 투자서들 중에서 이 책을 끝까지 읽어주셔서 감사합니다.

버핏의 투자 원칙은 '서두르지 말고, 기다려라'입니다. 그는 단기적인 주식 매매로 수익만 추구하기보다 10년, 20년을 내다보고 천천히 투자하는 방식을 고수합니다. 물론, 이렇게 오랜 기간 보유하는 만큼 종목 선택에 신중할 수밖에 없습니다. 왜냐하면 투자한 기업이 성장하지 않으면 아무리 시간을 들여도 이익을 얻을 수 없기 때문입니다.

버핏은 시류에 일시적으로 편승하는 기업을 피하고, 계속 성장할 수 있는 기업을 찾아냅니다. 단기 투자에서는 주가가 일시적으로 오르는 기업에 투자하여 수익을 낼 수도 있지만, 장기 투자는 그런 방식으로 성공할 수 없습니다. 게다가 평균 수명이 15년이라는 미국 기업 중에서 장수할 기업을 찾아내기란 보통의 안목으로는 하기 힘든 일일 테지요. 하지만 버핏은 그것을 해냈고 그의 안목이 얼마나 뛰어난지 자산으로 증명합니다.

이제 중요한 것은 '본질을 파악하는 것'입니다. 이는 투자뿐만 아니라 인간관계, 비즈니스, 학업, 연애 등 모든 분야에 적용될 수 있습니다. 혹시나 인생에서 잘 풀리지 않는 일이 있다면, 본질에서 벗어났거나 겉치레에만 몰두하고 있지는 않은지 돌아볼 필요가 있습니다. 적어도 버핏이라면 그렇게 생각할 것입니다.

버핏의 가르침을 받아 새롭게 출발하는 독자 여러분의 삶을 진심으로 응원합니다.

하마모토 아키라

🏅 주요 참고문헌

- 『「バフェットの投資術」を学んだら、生き方まで変わった話。』(中田花奈 著, 濱本明 著, PHP)

- 『マンガでわかる バフェットの投資術』(濱本明 監修, standards)

- 『ウォーレン・バフェット成功の名語録 世界が尊敬する実業家, 103の言葉』(桑原晃弥 著, PHP)

- 『1分間バフェット』(桑原晃弥 著, SBクリエイティブ)

- 『ウォーレン・バフェットの「仕事と人生を豊かにする8つの哲学」資産10兆円の投資家は世界をどう見ているのか』(桑原晃弥 著, KADOKAWA)

- 『図解 株で億万長者になる!「バフェット式」投資の原則』(三原淳雄 監修, イースト・プレス)

- 『スノーボール―ウォーレン・バフェット伝(上・下)』(アリス・シュローダー 著, 伏見威蕃 訳, 日本経済新聞出版社)

- 『バフェットの投資原則―世界NO.1投資家は何を考え, いかに行動してきたか』(ジャネット・ロウ 著, 平野誠一 訳, ダイヤモンド社)

- 『ウォーレン・バフェット 華麗なる流儀―現代版「カサンドラ」の運命を変えた日』(ジャネット・タバコリ 著, 牧野洋 訳, 東洋経済新報社)

- 『バフェット&ゲイツ後輩と語る―学生からの21の質問』(センゲージラーニング 編, 同友館)

- 『バフェットの株主総会』(ジェフ・マシューズ 著, 黒輪篤嗣 訳, エクスナレッジ)

- 『ビジネスは人なり 投資は価値なり』(ロジャー・ローウェンスタイン 著, (株)ビジネスバンク 訳, 総合法令出版)

毎朝5分で学ぶ投資の神様「ゼロ」からの心得! バフェットの教え見るだけノート
MAIASA 5FUNDE MANABU TOUSHINO KAMISAMA 'ZERO'KARANO KOKOROE!
BUFFETT NO OSHIE MIRUDAKE NOTE
by AKIRA HAMAMOTO

빠르게 독파하고 확실히 각인하는 비주얼 노트!

워런 버핏 투자 노트

초판 1쇄 발행 · 2025년 5월 31일

감   수 · 하마모토 아키라
옮긴이 · 서희경
펴낸이 · 곽동현
디자인 · 정계수
펴낸곳 · 소보랩

출판등록 · 1998년 1월 20일 제2002-23호
주소 · 서울특별시 서초구 동광로 41, 3층
전화번호 · (02)587-2966
팩스 · (02)587-2922
메일 · sobolab@naver. com

ISBN 979-11-391-4869-5 14320
ISBN 979-11-391-0292-5 (세트)